U0556244

中国文化经纬

神秘文化的启示
纬书与汉代文化

李中华 著

中国书籍出版社
China Book Press

图书在版编目（CIP）数据

神秘文化的启示·纬书与汉代文化 / 李中华著 .—北京：中国书籍出版社，2014.5
ISBN 978-7-5068-4116-0

Ⅰ.①神… Ⅱ.①李… Ⅲ.①纬书—研究②文化史—研究—中国—汉代 Ⅳ.①B222.9②K234.03

中国版本图书馆 CIP 数据核字（2014）第 062257 号

神秘文化的启示·纬书与汉代文化

李中华　著

责任编辑	赵丽君
责任印制	孙马飞　马　芝
出版发行	中国书籍出版社
地　　址	北京市丰台区三路居路 97 号（邮编：100073）
电　　话	（010）52257143（总编室）　　（010）52257140（发行部）
电子邮箱	chinabp@vip.sina.com
经　　销	全国新华书店
印　　刷	三河市华东印刷有限公司
开　　本	635 毫米 × 970 毫米　1/16
字　　数	198 千字
印　　张	12.5
版　　次	2015 年 12 月第 1 版　2019 年 5 月第 2 次印刷
书　　号	ISBN 978-7-5068-4116-0
定　　价	45.00 元

版权所有　翻印必究

《中国文化经纬》系列丛书
编委会

顾问　汤一介　杨　辛　李学勤　庞　朴
　　　　王　尧　余敦康　孙长江　乐黛云
主编　王守常
编委（按姓氏笔画为序）
　　　　王　平　王小甫　王守常　邓小楠
　　　　乐黛云　江　力　刘　东　许抗生
　　　　朱良志　孙尚扬　李中华　陈平原
　　　　陈　来　林梅村　徐天进　魏常海

总　序

　　二十世纪三十年代，陈寅恪先生在冯友兰《中国哲学史》下册的《审查报告》中说："窃疑中国自今日以后，即使能忠实输入北美或东欧之思想，其结局当亦等于玄奘唯识之学，在吾国思想史上既不能居最高之地位，且亦终归于歇绝者。其真能于思想上自成系统，有所创获者，必须一方面吸收输入外来之学说，一方面不忘本来民族之地位。此二种相反而适相成之态度，乃道教之真精神，新儒家之旧途径，而二千年吾民族与他民族思想接触史之所昭示者也。"今天读陈先生的话，感慨良多。先生所言之义：佛教传入中国，其教义与中国思想观念制度无一不相冲突。然印度佛教在近千年的传播过程中不断调适，亦经国人改造接受，终成中国之佛教。这足以告知我们外来思想与中国本土思想能够融合、始相反终相成之原因，在于"必须一方面吸收输入外来之学说，一方面不忘本来民族之地位"。这就是我们经常讲的,当下中国文化必须"返本开新"。如有其例外者,则是"忠实输入不改本来面目者,若玄奘唯识之学,虽震荡一时之人心,而卒归于消沈歇绝"。

我以为近代中国落后于西方,不应简单视为文化落后,而是二千多年的农业文明在十八世纪已经无法比肩欧洲工业文明之生产效率与市场资源的合理配置,由此社会政治、国家管理制度也纰漏丛生。由是而观当下之中国,体制改革刻不容缓,而从五四时代以来的文化批判也需深刻反思。启蒙运动对传统文化的批评固然有时代需求,未经理性拷问的传统文化无法随时代而重生。但"五四运动"的先贤们也犯了"理性科学的傲慢",他们认为旧的都是糟粕,新的都是精华,以二元对立的思考将传统与现代对峙而观,无视传统文化在代际之间促成了代与代的连续性与同一性,从而形成了一个社会再创造自己的文化基因。美国学者席尔思写了一部书《论传统》,他说:传统是围绕人类的不同活动领域而形成的代代相传的行为方式,是一种对社会行为具有规范作用和道德感召力的文化力量,同时也是人类在历史长河中的创造性想象的沉淀。因而一个社会不可能完全排除其传统，不可能一切从头开始或完全取而代之以新的传统，而只能在旧传统的基础上对其进行创造性的改造。此言至矣！传统与现代不应仅在时间序列上划分，在文化传承上可理解为"传统"是江河之源，而"现代"则是江河之流。"现代"对"传统"的理性诠释，使"传统"在"现代"得以重生。由此，以"同情的敬意"理解自己民族的文化传统是当下中国的应有之义，任何历史文化的虚无主义都要彻底摒弃。从"五四"先行者到今天的一些名士，他们对传统文化进行激烈批判，却也无法摆脱传统文化对自己的思维方式和价值观念的影响。这样的事实岂可漠视。

这套《中国文化经纬》丛书是在1993年刊行的《神州文化集成》丛书的基础上重新选目、修订而成。自那时到今天，持续多年的"文化热"、"国学热"，昭示着国人对自己民族文化的认同还处在进行时。文化决定了一个民族的性格，民族性格决定了一个民族的命运。中国文化书院成立至今已有30年了，书院同仁矢志不移地秉承着"让世界文化走进中国，让中国文化走向世界"之宗旨，不负时代的责任与担当。

此次与中国书籍出版社合作出版这套丛书，期盼能在民族文化的自觉、自信、自强上有新的贡献。

王守常

2014 年 12 月 8 日

于北京大学治贝子园

目 录

总　序 …………………………………………………… 1

第一章　纬书名称的由来及其价值 …………………………… 1
　　一、纬书的名称及其义蕴 ………………………………… 2
　　二、纬书的起源及其流裔 ………………………………… 7
　　三、纬书的真伪及其价值 ………………………………… 14
第二章　纬书与汉代经学 ……………………………………… 21
　　一、纬书与今文《尚书》 ………………………………… 23
　　二、纬书与今文《齐诗》 ………………………………… 29
　　三、纬书与今文《春秋公羊传》及《春秋繁露》……… 34
　　四、纬书与今文礼学的月令明堂阴阳说 ………………… 42
　　五、纬书与今文《易》学的卦气灾变说 ………………… 49
第三章　纬书与汉代哲学 ……………………………………… 57
　　一、天人感应论 …………………………………………… 58
　　二、宇宙创生论 …………………………………………… 66
　　三、神含元气论 …………………………………………… 75

第四章　纬书与汉代伦理……84
　一、"八卦为体"的道德论……85
　二、"三纲五伦"的尊卑论……92
　三、"性本情末"的性情论……100

第五章　纬书与汉代科学……107
　一、纬书与天文学……108
　二、纬书与医学……115
　三、纬书与地理学……122
　四、纬书与气象物候等方面的知识……129

第六章　纬书与文学艺术……133
　一、纬书与文字名号……134
　二、纬书与汉赋辞章……141
　三、纬书与音乐理论……149

第七章　纬书与汉代神话……157
　一、创世神话……159
　二、历史人文神话……167
　三、圣人神话……175

出版后记……184

第一章 纬书名称的由来及其价值

汉代的思想文化是在先秦诸子百家的基础上形成和发展起来的。从思想史的角度看,汉代大一统王朝的建立,促进了思想文化的统一与综合,因为按着哲学史或思想史发展的一般规律,后起的思想文化体系,总是以其前代人的思想资料为基础,并把前人的思想文化成果作为自身体系的一部分或一个方面来加以扬弃和吸收。因此,汉代的"罢黜百家,独尊儒术"的思想文化政策,只是在形式上打出儒家的旗号,而在内容和本质上,仍是思想文化的一次大综合。这种综合,一方面是打破先秦一家一派的思想格局,以一种更普遍的形式,把百家思想纳入儒学的轨道;另一方面则表现出综合后的儒学新面貌。因为这种综合并不是简单的相加和融合,而是适应新的统一王朝的历史需要,把理论的玄机落实在现实的政治上,从而为人间王权的普遍性披上一层合理合法的外衣。而谶纬作为汉代儒学的重要组成部分，即是上述地上王权的历史演变和综合思维逻辑发展的产物。

一、纬书的名称及其义蕴

纬书是对秦汉以来"纬""候""图""谶"的总称。同时它也是汉代思想文化大综合运动中的一个重要环节，或可称为大综合中的小综合，即对秦汉以前和秦汉以后中国文化中原有的阴阳数术、占候、卜筮、起课、星宿、攘择、河图、洛书、谶言等源远流长的文化现象的综合。

但由于汉代打出"独尊儒术"的大旗，使儒家原有的五经六艺获得了具有官方色彩的权威，因此，汉代文化的综合运动，不同层次、不同方面的思想文化皆向儒学靠拢。其中"候""图""谶"三者，即总归为"纬"，取得了配经的重要角色。故有"谶纬""图纬""纬候""图谶""图箓""符谶""图书"等多种称谓。这些虽然都是汉代人的发明，但其思想资料，却渊源甚古，如河图、洛书、八卦、卜、筮等。但自从汉代人发明了"纬"的形式，便使中国这些古老的、分散的、杂糅的思想材料获得了系统的说明，并成为一股强劲的社会思潮，掀起了中国文化史上巨大的造神运动。

"纬"之所以是构成汉代思想文化的重要组成部分，即在于它与儒家传统的经典《五经》六艺有密切关系。故历代解纬者，常把"纬"作为"经"的辅翼，以为"纬"是围绕"经"而立说。汉代刘熙的《释名》对"纬"的解释是："纬，围也。反覆围绕，以成经也。"《释名》推求古代制度、典籍之遗，多以音训考释古音，故以"围"解"纬"，代表了汉代人对"纬"的看法。目前传下来的纬书佚文，其名目多以七纬立说，即《易纬》《书纬》《礼纬》《乐纬》《春秋纬》《孝经纬》。由此可见，"纬"是由"经"的启发，配合并围绕儒家经典，反复申说，以完成经书的义理和旨意。因此，在汉代人看来，纬书和经书是互相辅助、互相发明、不可或缺的文化典籍。后人继承了这种看法，《四库全书总目提要》说："纬者，经之支流，衍及旁义。"把"纬"说成是"经"的支流或派生的，实际上完全符合汉代人的想法。

纬书包含"候""图""谶"，是指归类而言。从类别上看，"候"是占候，占验。它之所以成为纬书的一个部分，以其书多说明运历祇祥，所言之事涉及后来的应验，故"候"除占验之意外，还有测候之意，即预测未来人事之祇祥符验。纬书中有《尚书中候》十八篇，即是此类。

纬书中的"图"类，多指河图。后衍生为符命、图箓，入为道教。"河图"之说起源甚早，相传产生于伏羲时代。

河图把原始游牧民族经过长期观测的天象，用原始数字形式记录下来，为古老的术数学提供了"数"的依据。至汉代，它成为纬书所依托的规范，故《释名》解释说："图，度也。尽其品度也。"这里"度"有法度、规范之意。即认为图是纬的法度规范。实际上，纬书中的图类，与其他类别一样，之间并没有系统的逻辑关系，它只是以"图"为名，以阐扬符箓、符命、星象、运历为实的谶纬之一种而已。

纬书还包括"谶"。"谶者，纤也，其义纤微也"（《释名》）。这是说，谶乃是细微藏几之言，由微言几兆而推衍征验，实际上是一种预言。故《说文》释谶为"验"。《文选·魏都赋》李善注："谶，验也。河洛所出书曰谶。"这又把"谶"与"洛书"联系起来。"谶"与"书"作为纬书的组成部分，其功能和作用均与"图""候"等形式相同，所以汉代刘向解释为："谶，谶书，预言王者之兴亡也。"即是说，谶书、谶语、图谶等是说明王者受命征验的。

由以上可知，汉代流行的谶、纬、候、图、符、箓、书等，"虽称谓不同，其实止是谶纬；而纬复出于谶。故谶、纬、图、候、符、书、箓七名者，其于汉人，通称互文，不嫌也。盖从其占验言之则曰谶；从其附经言之则曰纬；从河图及诸书之有文有图言之则曰图，曰纬，曰箓；从其占候言之则曰候；

从其为瑞应言之则曰符；同实异名，何拘之有？"（陈槃《谶纬命名及其相关之诸问题》）陈槃先生的说法实为通人之论，从纬书的本质上说，它所包含的诸方面的内容，其意旨与倾向基本上是一致的。作为一种文化现象，纬书所形成的思想体系，代表了中国文化的一个方面，它是从神设的角度阐明天人关系，是中国早期宗教的人文化或中国早期人文思潮的宗教化的表现。因此，纬书体系从本质上说，乃是一种宗教文化体系。

中国学术向以"究天人之际，通古今之变"为鹄的，纬书系统亦不能例外。纬书系统中，把"天"作为至上神来了解，并把与天相应的人，作为至上神的产物，君主是随天命而生的天子，为人间的王。这种意义的天人关系论，在中国历史上实可溯源到殷周甚至更早。而到汉代，则由纬书系统和董仲舒作了全面系统的总结和发挥。在这种把"天"作为人格神或至上神的天人感应系统中，天处于主宰性地位，对世间的臣民，特别是对天子有预警赏罚的功能与权利，这种观念认定君主的行为须负天地间祥瑞灾变的责任，圣人与君主共同承担着自然世界的风调雨顺、海宴河清的使命，因此"王者受命，必先祭天"，"圣王之物，盛极则衰，暑极则寒，乐极则哀，是以日中则昃，日盈则蚀。天地盈虚，与时消息,制礼作乐者,所以改世俗、致祥风,和雨露,为万姓获福于皇天者。圣人作乐,绳以五元,度以五星,碌贞以道德,弹形以绳墨。贤者进,佞人伏"(《乐纬·动声仪》,《太平御览》565引)。王者受天之命,制礼作乐,改造世俗,臻至太平,是纬书系统及董仲舒天人感应论的最终目的。它是打着皇天上帝的宗教权威,以实现人间海宴河清的太平盛世,这与儒家传统的社会理想在下半截是一致的。而上半截的区别正表现为对"天"的不同理解。纬书系统对人间的终极关切,是以宗教超越的形式,赋予"天"一种神格化的功能,它尽管具有浓厚的宗教神学色彩,但其人文主义的世俗情怀却始终渗透在字里行间。从这一意义上说,"纬"之配"经"说是完全真确的。也就是说,纬书系统所包含的义蕴原则既依附于儒家经典,使之得以推行;又借助宗教的神权力量,使之得以光大。儒家经典需要纬书系统的宗教力量,从而增加经学的权威,以唤起臣民对天子的信仰;纬书系统也需要儒家经典的衬托提携,方可登上学术的殿堂。纬的产生及"经"与"纬"的结合,是汉代大一统政权的需要,也是"经"自身发展的一种必然结果。"纬"的内容尽管可以随着时代的不同而有所变化,但"纬"的形式,却从此潜藏在中国文化的肌体中,历代的政治神话和形形色色的造神运动,都是"纬"

的不同程度的复活。

二、纬书的起源及其流裔

"纬"起于何时，从汉代以来就没有定论。它与春秋战国时期的诸子不同，因为谶纬多托于神的预言，诸书又不署撰者姓名及时代，虽偶有题伏羲、黄帝、仓颉、孔子者，亦多为后人伪托，无可考辨，故长期以来，众说纷纭，各持己说，莫衷一是。

在中国的二十四史中，首先系统著录纬书的是《隋书》。以《隋书·经籍志·六艺纬类序》为代表，认为纬书始于黄帝，并引《易传》"河出图，洛出书"，以证圣人之受命，"必因积德累业，丰功厚利，诚著天地，泽被生人，万物之所归往，神明之所福飨，则有天命之应。"该序还说："盖龟龙衔负，出于河、洛，以纪易代之征，其理幽昧，究极神道。先王恐其惑人，秘而不传。"《隋书·经籍志》著录谶纬之书十三部，九十二卷。通计亡书，合三十二部，共二百三十二卷。并引"说者"云："孔子既叙六经，以明天人之道，知后世不能稽同其意，故别立纬及谶，以遗来世。"该序指出，"其书出于前汉，有《河图》九篇，《洛书》六篇，云自黄帝至周文王所受本文。"此外，又别有三十篇，"云自初起至于孔子，九圣之所增演，以广其意"。故又有《七经纬》三十六篇，并云孔子所作，并前合为八十一篇。而又有《尚书中候》、《洛罪级》、《五行传》、《诗推度灾》、《汜历枢》、《含神雾》、《孝经勾命诀》、《援神契》、《杂谶》等书。隋志序的上述说法，认为纬书起自黄帝并为诸圣增衍。

《隋志》是最早著录纬书篇目的史书，在此之前的前四史及《三国志》《晋书》等均无著录。《隋书》成于唐。这说明，自先秦至唐代近千年的历史中，纬书的成书确是一大疑案。但这并不是说，在隋唐以前，纬书的形成是一片空白。实际情况却是早在东汉，对此便有很大争议。汉代以后的学者均未超出汉代争论的范围。东汉时期对纬书起源的争论，就已经是众说纷纭了。但总其汇归无非是两种意见：一说认为"纬"起于先秦；一说"纬"起于西汉哀、平之际。后一种说法以张衡、荀悦为代表。《后汉书·张衡传》说："初，光武善谶，及显宗、肃宗因祖述焉。自中兴之后，儒者争学图纬，兼复附以妖言。衡以图纬虚妄，非圣人之法，乃上疏"云云。张衡是东汉著名天文学家，在思想上继古文经学之余绪，力主排斥谶纬。他在上疏中说："立言于前，有徵于后，故智者贵焉，谓之谶书。谶书始出，盖知之者寡。自汉取秦，用兵力战，功成业遂，可谓大事，当此之时，莫或称谶。若

第一章 纬书名称的由来及其价值

夏侯胜、眭孟之徒，以道术立名，其所述著，无谶一言。刘向父子领校秘书，阅定九流，亦无谶录。成、哀之后，乃始闻之。……至于王莽篡位，汉世大祸，八十篇何为不戒？则知图谶成于哀、平之际也。"张衡的这一说法，成为后世主张谶纬后起说的重要依据，影响很大。

继张衡之后，东汉末荀悦也认为谶纬起于哀、平之际。他在《申鉴·俗嫌篇》中说："世称纬书，仲尼之作也，臣悦叔父故司空爽辨之，盖发其伪也。有起于中兴（指刘秀建立东汉）之前，终张'张'当为'衒'之误）之徒之作乎。""中兴之前"，即哀、平之际。可见荀悦此论亦采自张衡之说。

认为"纬"起于先秦之说者，以东汉苏竟、郑玄为代表。苏竟是东汉平帝时人。《后汉书》本传称其"善图纬，能通百家之言"。苏竟在给刘歆的侄儿刘龚的信中说："夫孔丘秘经，为汉赤制，玄包幽室，文隐事明"（见《后汉书·苏竟传》）。"秘经"，即指纬书。"赤制"，指孔子作纬，著历运之期，为汉家之制。汉火德尚赤，故云赤制。苏竟认为纬书乃孔子所作。苏竟以后，有东汉大儒郑玄，遍注儒家六经七纬，可谓是解读纬书的专家。在纬书的起源问题上，郑玄也认为是先秦孔子所作。他说："孔子虽有圣德，不敢显然改先王之法，以教授于世。若其所欲改，则阴书于纬，

藏之以传后王。"(《礼记·王制正义》引)

以上两说，均是东汉人的说法。东汉以后，随着学术文化的发展，对纬书起源的争论更加细密。反谶纬者，为说明谶纬荒诞不经，故往往力主谶纬起于汉季，为汉末儒生所造。肯定谶纬有价值者，往往力主谶纬起于先秦甚至更古。今人钟肇鹏著《谶纬论略》，把古往今来对谶纬起源的说法归为十二大类：①认为谶纬源于古代"河图""洛书"的，有刘勰、胡应麟、孙瑴、蒋清翊等人；②认为谶纬源出于《易经》的，有胡寅、胡玉缙、姜忠奎等人；③认为谶纬源于古之太史的，有俞正燮之说；④认为谶纬源于太古的，有刘师培；⑤认为谶纬起于周代的，有任道镕；⑥认为谶纬起源于春秋之世的，有孙瑴、顾炎武、全祖望、连鹤寿等人；⑦认为谶纬源出于孔子的，有苏竟、郑玄及汉儒；⑧认为谶纬源出于七十子之徒者，有钱大昕、赵在翰、张惠言、李富孙等；⑨认为谶纬起于战国末的，有胡渭、朱彝尊、汪继培、姚振宗等。⑩认为谶纬始于秦王朝者，有张九韶、王鸣盛等；⑪认为谶纬渊源于邹衍，此说发自金鹗而证成于刘师培、陈槃。⑫认为谶纬出于西汉之末的，有张衡、明代朱载堉、王祎、顾起元、王夫之以及清代的阎若璩等。(见《谶纬论略》，辽宁教育出版社，一九九一年版)。以上十二说，基本上概括了对谶纬起源的不同看法。争论虽趋细密，但均未超出汉代人对谶纬起源说的范围。

谶纬作为一种文化现象，它的出现绝非偶然，不是谁想造作便可造作出来的。从这一意义上说，"纬"与"经"一样，应该说先有其实而后有其名。其名的产生是时代的产物。我们只有从名实关系的角度探求其源流，才能使这一问题得到完满的解决，否则就会各持己见而不能终其说。

"纬"是对"经"而言。它们作为一种称谓，从逻辑上说，所指的"实"是一个，即儒家的重要典籍——诗、书、礼、乐、易、春秋等。皮锡瑞在其《经学历史》中说，经学开辟时代，断自孔子删定六经为始，故孔子以前，不得有经，周公旧典，经孔子删定，始有六经之名。查先秦诸子之书，除晚出的《庄子》一书的《天道》《天运》两篇外，均无"六经"之称，一直到《史记》《汉书》，方出"六经"之名。在先秦没有"六经"之名，却不能因此说没有"六经"之实，正如先秦没有"七纬"之名却不能因此说没有"七纬"之实一样。由此可以得出结论："纬"之名后起，而"纬"之实却渊源甚古，所以在探讨纬书起源的问题上，不能因名废实。从这一意义上说，汉代张衡、荀悦等人的说法，实有偏颇之处。认为谶纬之名起于西汉哀平之际则可，但认为谶纬之实也起于该时则不可。

在先秦典籍中，除诸子之外，多是殷周传下来的旧典。其中，诗、书、礼、乐、易、春秋等为先秦儒家继承并发展。此外还有道、墨、法、阴阳、纵横、兵、农、杂诸家之说。如道家之天道观、墨家之天志明鬼、兵家之六韬、阴阳家的五德终始之说等。诸子之说汇成先秦学术思想之大流，但若推其所从来，则皆有所本："儒家者流，盖出于司徒之官，助人君，顺阴阳，明教化者也"（《汉书·艺文志》）。"道家者流，盖出于史官，历记成败存亡祸福古今之道，……此君人南面之术也。合于尧之克让，《易》之嗛嗛，一谦而四益，此其所长也"（《汉书·艺文志》）。"阴阳家者流，盖出于羲和之官，敬顺昊天，历象日月星辰，敬授民时，此其所长也。及拘者为之，则牵于禁忌，泥于小数，舍人事而任鬼神"（《汉书·艺文志》）。"墨家者流，盖出于清庙之守，……宗祀严父，是以右鬼"（《汉书·艺文志》）。诸子之说，合其要归，"亦六经之支与流裔"。从《汉书·艺文志》简短的概述，可以有一点启发，即先秦诸子及殷周旧典都在不同程度上，包含着中国早期宗教所遗留下来的天帝鬼神思想，也是中国早期天人之学所必然包含的内容。天人之别并非如后世那样清晰，因此天人之应在当时亦十分自然。阴阳术数、灾异变怪、风角星算、河图洛书，等等，不仅在《史记》《汉书》

第一章　纬书名称的由来及其价值

中所俯皆是，就是在儒家《五经》中亦皆有不同程度的表现。如《书》有五行洪范、《诗》有五际、《礼》有明堂阴阳、《易》有象数占验、《春秋》则多言灾异。这些都是后来纬书形成的重要材料。

因儒家学派为孔子所创，故在孔子前，不但没有"经""纬"之名，就是"儒学"一词亦少见。古代"儒"学所代表的意义，最初是指从巫、史、祝、卜等早期宗教的教职中分化出来的一批知识分子。所以，后世学者如俞樾、章太炎、钱穆等人把原始儒者称为"方士"或"术士"。如"明灵星午子吁嗟以求雨者谓之儒"（《国故论衡·原儒》）；"《说文》，"儒、柔也，术士之称，柔乃儒之通训，术士乃儒之别解"（《诸子系年》）。从这里我们可以得到一些启示，即原始儒者可能兼治"经""纬"，孔子以后，儒者分化，一部分专治"经"，一部分专治"纬"，至汉代，二者又汇合，出现兼治"经""纬"的儒者。这一过程反映在天人学说上，即出现天人合一说与天人相分说。有人偏重于说"天"，有人则偏重于说"人"，大儒则经纬同治，天人兼说。

经学与纬学都是汉代的产物，"六经""七纬"之名亦是汉代人的发明。不能由此说汉代以前无"纬"，正如不能说汉代以前无"经"一样。经学、纬学的产生，是汉代对先秦思想文化的综合，从而创造了儒学的昌明时期。后儒崇经斥纬，实是儒学的分化，也是儒学中人文主义勃兴的结果，由此决定了中国文化的发展方向。

三、纬书的真伪及其价值

纬书的真伪与纬书源流有密切关系。一般断定伪书为后起者，往往认为纬书是假的，是出于"巧慧小才伎数之人"或"俗儒"的伪造，因此毫无价值，并主张从儒家经疏中删去纬文，以恢复儒学的纯正。如东汉张衡、桓谭即持这种意见。张衡认为："且律历、卦候、九宫、风角，数有征效，世莫肯学，而竟称不占之书，譬犹画工恶图犬马而好作鬼魅，诚以实事难形而虚伪不穷也！宜收藏图谶，一禁绝之，则朱紫无所眩，典籍无瑕玷矣"（《后汉书·张衡传》）。桓谭在给皇帝的上疏中也说："观先王之所记述，咸以仁义正道为本，非有奇怪虚诞之事。……今诸巧慧小才伎数之人，增益图书，矫称谶记，以欺惑贪邪，诖误人主，焉可不抑远之哉！"（《后汉书·桓谭传》）。

相反，认为纬书为古史所记，古来有之者，则多以纬书为真，但也掺杂着后人的伪托附会，故主张去伪存真，不能因有伪托而一概否定纬书的价值。如明代学者徐养原认为：

第一章　纬书名称的由来及其价值

"纬书当起于西京之季，而图谶则自古有之。……要之，图谶乃术士之言，与经义初不相涉，至后人造作纬书，则因图谶而牵合于经义。……夫纬书虽起于西京之季，然其说多本于先儒，故纯驳杂陈，精粗互见，谈经之士，莫能废焉。康成之信纬，非信纬也，信其与经义有合者也。《诗》《礼》注中所引，皆淳确可据，比之何休，特为谨严。欧阳永叔欲删九经疏中谶纬之文，幸而其言不行。充其说，并将大传之'河出图，洛出书'而亦删之，不但注疏无完本而已。善乎昔人之言曰：'纬书之文，未必尽出妄人之手，其间谬妄虽亦不无，要在学者择焉而已'"（《经义丛钞》载）。

以上对纬书真伪及其价值评价的两种意见，可以说代表了古代学者的基本看法，并深刻影响了今人对纬书的研究与评论。所不同的是，古代学者往往以儒家"仁义正道"为标准，实有护卫"圣道"的目的。又因谶纬之书有阴阳灾异、符瑞谴告之说，故引起历史上的无神论者，如王充、张衡、桓谭等人的批判，这种批判也在很大程度上影响了对纬书系统的甄别与研究。

在中国绵延三千年的文化史及学术史中，伪书几乎成为一种特有的文化现象。从先秦至近代，伪书层出不穷，后人辨伪层出不穷，甚至形成一门专以辨伪为任务和对象的"辨伪学"。明代胡应麟的《四部正讹》，近人梁启超的《古书真伪及其年代》，清代姚际恒原撰、今人黄云眉补正的《古今伪书考补正》以及现代张心澂的《伪书通考》等书，辨书共达一千多部。其中如著名的《山海经》《竹书记年》《孔子家语》《列子》等书，均有辨正真伪的问题。

伪书是指书名、作者、著作时代、著作内容等的虚假性。其作伪的方式有多种：有原书作者已无从查考故托名于前人者；有成书较晚而相传为前代著作者；也有原书已佚，后人有意作伪者。伪的程度也各有不同：有全伪者，有基本上是伪的，也有部分是伪，而大部分是不伪的。根据这种情况，先秦以来的许多重要典籍，其中包括儒家经典——诗、书、礼、易、乐、春秋、大学、中庸等都在不同程度上存在着真伪之辨。据后人的考证，其中大部分掺进了汉代人的思想，有的甚至完全出于汉代人的创造。因此，如何对待"伪书"，便是一个涉及如何看待文化发展的问题。对于全伪之书或基本上是伪的，如果能够确定作伪的年代，那么这部伪书对于它所产生的那个年代来说，则是那个年代的"真书"。因此也就构成研究它所产生的那个年代的真实材料。对于部分是伪而大部分不伪的，就须甄别其真伪，基本确定部分之伪伪于何时，从而把伪的部分作为它所产生的那个时代的材料来研究。

第一章 纬书名称的由来及其价值

对于纬书亦应如此,不能因其伪而一概抛弃或否定;也不能因其荒诞而忽视它所包含的时代内容。如近人陈槃所论:"谶纬中若干思想古已有之,是也。然自古虽亦有此思想,不可谓此即谶纬也。古籍散亡,遗文剩义赖谶纬而保存至今者,诚亦不少。然谶纬之产生,由于矫诞,或剽割盗袭,或怪迂能变,以其名为谶纬而论,伪书也。以其抄袭幸而有功古学论,则所谓伪书中往往有真材料"(《谶纬溯源》)。

陈槃所谓"真材料",是指纬书中所保存下来的汉代以前的材料,对这些材料的研究有助于对古代文化的了解。这都是纬书的价值所在。同时,由于纬书大部分造作于汉代,故纬书实是研究汉代思想文化不可或缺的重要典籍。

就汉代以前的材料说,纬书弥补了儒家经书所不载的东西,特别是关于神学、术数、运期、天人感应等方面的内容,使我们能够得以窥测中国早期文化的种种表现,以还原被人文思潮所掩盖和改造过的古史传说和宗教神话等内容,起到补充历史的作用。其实,在秦汉以前,特别是春秋战国之际,是宗教、神话最多的时代。如《左传》庄公三十二年有:神降于莘,赐虢公土田;僖公十年有:太子申生缢死而狐突白日见神;僖公二十八年有:河神向楚子玉强索琼弁玉缨等。在《诗》《书》中有"玄鸟生商""履帝武生稷""殛鲧于羽山""高宗肜日越有雊雉""天乃雨反风，禾则尽起"等记载和传说。宗教神话、历史传说也是对社会现实的一种反映，所以那时的古史，可以断定多是神话，其性质是宗教的，其主要的论题是奇迹说。因此，"我们不能为了孔子等少数人的清澈的理性，便把那时的真相埋没了。所以我们可以说，战国大都是有意的作伪，而汉代则多半是无意的成伪。我们对于他们一概原谅，我们决不说，'这是假的，要不得'。我们只要把战国的伪古史不放在上古史里而放在战国史里，把汉代的伪古史也不放在上古史里而放在汉代史里。这样的结果，便可以使这些材料达到不僭冒和不冤枉的地步而得着恰如其分的安插"（顾颉刚《战国秦汉间人的造伪与辨伪》）。

纬书的价值，古今学者亦议论很多。最有代表性的如刘师培，认为纬书有六个方面的参考价值。一为"补史"；纬书中的材料可以补充古史的阙失。如三王异教，五帝立师，纬书都有一套自己的说法，可与先秦其他史籍参照。二为"考地"；纬书记载了许多中国古代的地理知识，如九州说、五岳方位说、四渎名义说，以及山川州域的释名和舆图等，与古代地理学说相契合。三是"测天"：今所谓天文学。纬书中保存了许多古代宇宙天文知识，如地动说、天圆地方说、浑天说，以及定时成岁、测度甄数等天文猜测假说，对研究古代天文学有重要参考价值。四是"考文":古代文字学。纬书中有大量的关于文字含义的训释,如十一相加为"士",两人相合为"仁"等。虽多为牵强附会,但对汉代文字学的发展有重大推动作用。五为"征礼":关于社会伦理、典章制度、昭穆祭祀等内容,与汉代其他儒家典籍互相发明,是研究古代,特别是研究汉代社会政治、经济、伦理、道德等不可或缺的重要资料。六是"博物":纬书有许多博物知识,如古人纪数互乘之法、辨别百体殊名、六律五谷等无所不窥,实有助博物之功,辅多闻之益。

刘师培上述纬之六方面价值论,不为妄谈。从多方考察,纬书价值远远不止六种。台湾学者王令樾所著《纬学探源》,在刘师培纬书"六善"的基础上,又增加"配经"一项。实际上,纬之配经说,汉代即已阐明,如汉代大儒郑玄、何休,皆引纬文注经,后世不能废。故上述王氏认为,纬之配经,是纬书的最高价值。除此之外,诸纬所记有天官、地文、人理、物理、阴阳、五行、律历、钟律、机祥、运历、性命、政制、礼乐等细目,不仅与"经"相应,且在"经"之外,另辟独具风格的"天人相与"之学。除配经之外,纬书还多为诸史的表志、经传、典制、论著、星占、术数、医卜等书所引用,成为中国史学的重要组成部分。

刘师培的纬书"考文"说，只谈到纬书对文字学的意义。实际上，纬书对汉以后的文章、文学、文艺理论，特别是汉赋有重要影响。王令樾《纬学探源》称之为"补文"。其说认为，纬书既为古史，所录多圣贤学者的佚文及奇伟怪丽的事迹，故其文辞亦多奥雅精妙，符采彪炳，足为文章之奥府。故《文心雕龙》首倡纬书"助文"说，孙瑴《古微书》亦称"惟刘彦和以为事幽辞富，有助文章。故羲皥之原，钟律之要，瑞孽之符，鬼神之状，读者皆有取焉。"

综合刘师培及王令樾的说法，纬书的价值所在，主要是：配经、补史、助文、博物四大功能。若从现代文化学术立场和现代科学角度看，纬书作为一个时代的产物，它的作用不是某几个方面或某些领域所能概括，它是与整个汉代文化联系在一起的。因此汉代文化的各个层面都有纬书影响的痕迹，特别是它作为一种神学的启示，对汉代的政治、经济、哲学、文学、道德、伦理、科学、艺术、宗教、神话均有直接或间接的影响。

第二章 纬书与汉代经学

纬书之所以肇始于汉代并广为流行，与汉代经学的发轫有密切关系。从先秦流传下来的经学材料，至汉代骤然上升为"经"，亦有其历史文化演进的必然性。汉代的"经""纬"合流，一方面是先秦文化在新的历史条件下的综合运动，另一方面它又是汉代大一统的封建政治的需要。离开这两个方面，我们便无从考察纬书的本质及其历史作用，也无法理解经学何以在汉代勃兴。秦王朝的灭亡，使汉初的思想家对法家学说产生怀疑，《淮南子·主术训》说："刑罚不足以移风，杀戮不足以禁奸，唯神化为贵"。此处所谓"神化"，多指儒家的道德教化，同时亦蕴含着一种新的构想，即建立一套能适合汉王朝政治、经济、思想和文化统一的意识形态。纬书与经书、纬学与经学的兴起即是在多种意识形态方案中选取出来的。

西汉经学有今古文之分。今古文所以分，其先由于文字之异。今文以汉时流行的隶书写成，古文则以秦以前的籀文写成。因文字体例不同，在辗转传授之际，便有经义的不同。实际上，今古文经的不同，字体的差别仅仅是表面现象，其背后，实为政治的原因。而且从二者的产生时间来看，也是今文经学在先，而古文经学在后。皮锡瑞《经学历史》说："汉初发藏以授生徒，必改为通行之今文，乃便学者诵习。故汉立博士十四，皆今文家。而当古文未兴之前，未尝别立今文之名。"这就是说，汉代继秦之后，生徒所习，皆今文而无古文。古文为后起，"至刘歆始增置《古文尚书》《毛诗》《周官》《左氏春秋》。既立学官，必创说解。后汉卫宏、贾逵、马融又递为增补，以行于世，遂与今文分道扬镳。"

今文经学之兴，实为谶纬神学的前奏。也是经学与神学结合的开始。此即汉代的"天人之学"。皮锡瑞《经学历史》称："汉有一种天人之学，而齐学尤盛。《伏传》五行，《齐诗》五际，《公羊春秋》多言灾异，皆齐学也。《易》有象数占验，《礼》有明堂阴阳，不尽齐学，而其旨略同。"皮锡瑞是清末今文经学家，但直言不讳地承认今文经学与灾异谴告有密切关系，实际上等于承认今文经学与谶纬有密切关系。事实上也正是如此，其所谓"齐学"，即指西汉初年齐人传经者的学说,他们都是汉代经学的先驱人物。在这些人物的学说中,以解释儒家经典为标榜,混合阴阳、五行、数术,并以灾异解说经文,实开谶纬之先河。

一、纬书与今文《尚书》

前文所谓"伏传五行",是指伏生(又作胜)所作的《尚书大传》中的《洪范·五行传》。伏生是秦汉之际专治《尚书》的专家。《史记·本传》称其为齐人,秦时为博士。汉孝文帝时,朝廷欲求能治《尚书》者,天下无有,听说伏生能治,便欲召之。但此时伏生已年过九十,老不能行,于是文帝乃使掌故朝(晁)错往济南亲受伏生学《尚书》。伏生所传《尚书》即今文《尚书》。其中当然包括像《洪范·五行传》那样的天人之学,由朝(晁)错接过来,再传下去。故《汉书·儒林传》称:汉兴,言《书》自济南伏生。伏生传济南张生及千乘(今山东高苑)欧阳生。欧阳生传倪宽,倪宽又授欧阳之子。此后欧阳世世相传,至曾孙欧阳高,为《尚书》欧阳氏学。张生传夏侯都尉,都尉授族子始昌,昌传族子胜,为大夏侯氏学。胜传族兄子建,建别为小夏侯氏学。至此,大小夏侯氏学加欧阳氏学,三家皆立博士,皆为《尚书》今文学。

伏生(胜)所传《尚书大传》,后人均承认是伏生遗说,查其内容，即已渗透纬书的灾异之说。如其中的《洪范·五行传》，专释《洪范》中五行配合生克的内容，即是典型的以五行释灾异，故皮氏称其为"伏传五行"，并把它作为"齐学"的主要特征。如："一曰貌。貌之不恭，是谓不肃，厥咎狂，厥罚常雨，厥极恶。时则有服妖，时则有龟孽，时则有鸡祸，时则有下体生于上之疴，时则有青眚青祥，维金沴木"（《四部丛刊》本《尚书大传》）。这是说，君主的行为，其中包括君主的态度（"貌"）、言论（"言"）、观察（"视"）、纳谏（"听"）、思考（"思"），即《尚书·洪范》中的所谓"五事"，都与自然现象发生联系，互相感应。如果君主"五事"处理不当，如貌不恭、言不从、视不正、思不容，等等，便会引起"恒雨""恒旸""恒燠""恒寒""恒风"等五种自然灾害的发生，五行之间也就会出现彼此的沴灭消长，从而引起更多的怪异现象的出现，作为对君主的警告和惩罚。伏生《五行传》对《尚书·洪范》的解释皆此类，它的产生、流行和演变直接影响到《汉书·五行传》《后汉书·五行》及刘向的《洪范五行传论》等灾异思想的产生。《汉书·刘向传》："向见《尚书·洪范》，箕子为武王陈五行、阴阳、休咎之应，向乃集合上古以来春秋六国至秦汉符瑞、灾异之记，推迹行事，连传祸福，著其占验，比类相从，各有条目，凡十一篇，号曰《洪范五行传论》。"

据《汉书·五行志》载，"孝武时，夏侯始昌通五经，善推《五行传》，以传族子夏侯胜，下及许商，皆以教所贤弟子。其传与刘向同。"这里所说的《五行传》，可能就是前面所提及伏生的《五行传》。从伏生到大小夏侯，所传皆伏生的今文《尚书》，至新莽前后，便与刘向等人的五行灾异思想沟通汇合，形成刘向的《洪范五行传论》一类的书籍，这其中便蕴含着纬书的思想，并促进纬书的成书。

由以上可知，作为今文经学的《尚书大传》，及在其影响下所产生的《汉书·五行志》、刘向《洪范五行传论》等，都在不同程度上反映了汉代儒生的阴阳灾异思想。因此，它们虽不称纬书，但其中的灾异、受命、祥瑞等思想，实与纬书相通，故《四库全书总目提要》称："盖秦汉以来，去圣日远，儒者推阐论说，各自成书，与经原不相比附，如伏生《尚书大传》、董仲舒《春秋阴阳》，核其文体，即是纬书，特以显有主名，故不能托诸孔子。"这一说法，确有见地。

今查纬书佚文，亦多有同于《尚书大传》者，即是上述论断的旁证。如《尚书大传·虞夏传》说："维十有四祀，钟石笙管变声，乐未罢，疾风发屋，天大雷雨，帝沈首而笑曰：明哉！非一人天下也，乃见于钟石。天大雷雨，疾风，为逊禹之事也。"这一舜禹禅位的故事，在纬书中有多处记载，其意与《尚书大传》略同。如《尚书纬·中候考河命》说："在位十有四年，奏钟石笙管未罢，而天大雷雨，疾风发屋拔木，桴鼓播地，钟磬乱行，舞人顿伏，乐正狂走。舜乃权持衡而笑曰：明哉！夫天下非一人之天下，亦乃见于钟石笙管乎！"又《乐纬·稽耀嘉》说："禹将受位，天意大变，迅风雷雨，以明将去虞而适夏也。是以舜禹虽继平受禅，犹制礼乐，改正朔，以应天从民。……能察其类，能正其本，则岳渎致云雨，四时和，五稼成，麟皇翔集"（《宋书·礼志》引）。

以上《乐纬》及《尚书纬》的两段材料与《尚书大传》的材料，基本叙事相同，文字出入亦不大，而其祥符受命的思想更是如出一辙，甚至很难分清彼此。这种相同的材料，相同的思想，在今文《尚书》说与纬书文二者之间，尚有许多例证。如《尚书大传·周传》有："武王伐纣，观兵于孟津，有火流于王屋，化为赤鸟。"又有"周将兴之时，有大赤鸟，衔谷之种而集王屋之上"云云。纬书中的这类说法则更多、更具体。如《尚书·中候》有："周太子发，渡孟津，有火自天，止于王屋，为赤鸟"（《艺文类聚》99引）。又《洛书·灵准听》有："武王伐纣，度孟津，……有火自天止于王屋，流为赤鸟，鸟衔谷焉。谷者，纪后稷之德；火者，燔鱼以告天，天火流下，应以吉也。遂东伐纣，胜于牧野，兵不血刃，而天下归之"（《宋书·符瑞志》引）。

纬书与今文经学的《尚书大传》，不仅内容、思想互相渗透，甚至在文字上也一字不差地搬用，不分彼此。如《尚书大传·唐传》说："主春者，张昏中，可以种谷；主夏者火，昏中，可以种黍；主秋者，虚昏中，可以种麦；主冬者，昴昏中，可以收敛。"张、火、虚、昴皆星名，此是说天子视四星之中，可知民缓急，敬授民时。《尚书·考灵曜》云："主春者，张昏中，可以种谷；主夏者，火昏中，可以种黍；主秋者，虚昏中，可以种麦；主冬者，昴昏中，可以收敛"（《史记·五帝本纪》张守节正义引）。纬书与《大传》这两段文字一字不差，完全相同。这样的例子还很多。这里谁抄谁的考辨，显然意义不大，重要的是可以由此看出，作为今文经学的《尚书大传》，与纬书的思想基本一致，有些甚至完全相同。如果说《尚书大传》照抄纬书，那就是说纬书形成在前，而《大传》成书于后；如果说纬书抄《大传》，即可证明纬书确实晚出。从前面所提示的内容看，纬书晚出的可能性最大，但不能就此说纬书中的若干思想亦晚出。这正如前面提到的《四库全书总目提要》所揭示的那样，"伏生《尚书大传》……核其文体，即是纬书。"

这里值得注意的是，今文《尚书》的始作俑者伏生，汉文帝时已经九十多岁，那么在秦始皇焚书时，伏生当在六七十岁。秦始皇焚书在公元前二一三年，由此再上推，伏生二三十岁时，正值战国，与荀子及阴阳五行家的代表人物邹衍几乎同时或稍晚。据《史记·孟子荀卿列传》所载邹衍的材料，邹衍亦战国末齐国人，曾游学稷下。因看到"有国者益淫侈，不能尚德……乃深观阴阳消息而作怪迂之变，《终始》《大圣》之篇十余万言"，提出"五德终始"说，"称引天地剖判以来，五德转移，治各有宜，而符应若兹。"将春秋战国以来流行的"五行"说，附会到社会历史的盛衰兴亡和王朝的更替上，并盛称"机祥制度"，把人君的表现与自然界的怪异联系在一起。伏生以治《尚书》闻名，虽然其师承关系不可详考，但他在年轻时学习过《尚书》是毫无疑问的。从《洪范五行传》的内容看，与邹衍盛称的"机祥制度"及"阴阳消息""五德终始"等说，均有密切关系。虽不能断言伏生与邹衍有什么师承关系，但至少可以说明邹衍的阴阳五行思想在当时有极大影响。这些均构成纬书形成的前期思想资料，并由此说明它们是同一种社会思潮的产物。

二、纬书与今文《齐诗》

与《尚书》一样，汉初解释《诗经》的学者，把阴阳灾异思想渗入对《诗经》的研究，从而构成《诗》今文学的基本特征。前文所提到的"齐诗五际"，即是这种特征的具体表现。

就汉代《诗经》的今古文之分，一般认为毛诗为古文，齐、鲁、韩三家诗为今文。而在今文中的齐诗，是以齐人辕固生为代表。辕为汉景帝时博士，尝治《诗》作师传，因称齐诗。所授之徒，皆以官显，故徒众益盛，后齐人言《诗》者皆本辕固生。《汉书·儒林传》称，齐诗的传授，自辕固生传夏侯始昌，始昌传后苍，苍授奉翼、肖望之、匡衡。夏侯始昌又是传今文《尚书》的学者。因此，汉初今文《尚书》与今文《齐诗》乃同一师法。如《诗·小雅·正月》："正月繁霜，我心忧伤；民之讹言，亦孔之将"句，刘向即本《洪范·五行传》的说法加以解释。刘向说："霜降失节，不以其时。……言民以是为非，甚众大也。此皆不和，贤不肖易位之所致也"（《汉书·刘向传》）。周朝的正月，正是夏历四月，但天上还降下霜来。刘向认为，这种自然现象的异常，是民之不和，贤与不肖易位等人事造成的，即人事可以影响天变。郑玄《诗》笺亦云："夏之四月，建巳之月，纯阳用事而霜多，急恒寒若之异。"此即以阴阳说解释《诗经》。刘、郑的这些说法，实际上皆来源于《尚书大传》，同时也是《齐诗》的阴阳灾异思想。由此可知，《诗》《书》今文学同属一种思想模式，并出于同一师法。

《齐诗》在曹魏时已亡，其遗说存于翼奉、匡衡及后汉郎顗等传中。《汉书·翼奉传》云："臣奉窃学《齐诗》，闻五际之要，《十月之交》篇，知日蚀、地震之效昭然可明，犹巢居知风，穴处知雨，亦不足多，适所习耳。臣闻人气内逆，则感动天地；天变见于星气日蚀，地变见于奇物震动。所以然者，阳用其精，阴用其形，犹人之有五脏六体，五脏象天，六体象地……。"这里所谓"人气内逆，则可感动天地"，正是齐诗天人感应论的表现。

翼奉为西汉宣元之际人，治《齐诗》，引阴阳灾异及天人感应论以说诗文。其所谓"闻五际之要""适所习耳"，即是指他从齐诗的师传中所听到和学到的关于星气日蚀、阴阳变怪等自然现象与社会治乱、君主得失等人事现象的关系。也就是说，早在翼奉之前，齐诗已是用阳阴五行家言来解释《诗经》了。至于如何解释，虽不可详考，但从翼奉给元帝的奏封事中，尚可窥见一二，其中虽有翼奉的增益之辞，但作为今文经学的《齐诗》，与齐人所传《洪范五行传》一样，已开纬学的先河。齐诗"五际"之说，是以阴阳终始推断政治得失的神秘主义。《汉书·翼奉传》说："《诗》有五际，《春秋》有灾异，皆列终始，推得失，考天心，以言王道之安危。"《汉书·翼奉传》孟康注引《齐诗内传》解释何谓"五际"云："五际，卯酉午戌亥也。阴阳终始际会之岁，于此则有变改之政也。"这是说，齐诗以卯、酉、午、戌、亥五个地支所分别代表的五个日、时与五行、阴阳等相配，从中推导人事的吉凶和得失。实际上，齐诗更广泛地运用于十二地支与六情、六德、六合及阴阳相配。"五际"只是从中提炼出来的更为神秘的原则而已。翼奉在给汉元帝的上封事中，还保留着齐诗的六情、十二律相配说：

知下之术，在于六情十二律而已。北方之情，好也；好行贪狼，申子主之。东方之情，怒也；怒行阴贼，亥卯主之。贪狼必待阴贼而后动，阴贼必待贪狼而后用，二阴并行，是以王者忌子卯也。……南方之情，恶也；恶行廉贞，寅午主之。西方之情，喜也；喜行宽大，巳酉主之。二阳并行，是以王者吉午酉也。《诗》曰：'吉日庚午'。上方之情，乐也；乐行奸邪，辰未主之。下方之情，哀也；哀行公正，戌丑主之。辰未属阴，戌丑属阳，万物各以其类应。（《汉书·翼奉传》）

申子日，方位主北，六情主好，六德主贪狼；亥卯日，方位主东，六情主怒，六德主阴贼。二时所主属阴，故称"二阴并行，王者忌子卯也"。翼奉从申子、亥卯与方位、六德、六情相配，推导出王者所忌，此即齐诗"五际"说的基本形式。《汉书》旧注多以卯为夏亡日，故称"王者忌子卯"。此后便多以子卯为恶日。翼奉所推，均属此类，故称"万物各以其类应"。

"五际"说，由于《齐诗内外传》《齐后氏传》等书的亡佚，其内容不得其详。虽大体上略如上述，但仍有不同解释，如应劭认为"五际"是"君臣、父子、兄弟、夫妇、朋友"（见《汉书·翼奉传》注）。这种解释显然不符翼奉在上封事中所叙述的齐诗本义，而孟康注引《齐诗内传》佚文又太简略。幸有纬书保存着一部分内容。

《诗纬·氾历枢》（又作《泛历枢》）说：

卯酉之际为革政，午亥之际为革命，神在天门，出入候听。（《后汉书·郎𫖮传》注引）

《大明》在亥，水始也；《四牡》在寅，木始也；《嘉鱼》在巳，火始也；《鸿雁》在申，金始也。（《诗·周南·关雎》疏引）

卯，《天保》也酉，《祈父》也；午，《采芑》也；亥，《大明》也。（《困学纪闻·诗·周南·关雎》疏引）

第二章 纬书与汉代经学

然则亥为革命，一际也；亥又为天门，出入候听，二际也；卯为阴阳交际，三际也；午为阳谢阴兴，四际也；酉为阴盛阳微，五际也。（《毛诗序》疏引《六艺论》引）

上面所引，大致即是《齐诗》的"四始""五际"说的梗概。其中的"四始"说，与目前保存下的《毛诗》大异其趣，且以五行中的水、火、木、金为《诗经》中的《风》《大雅》《小雅》《颂》的起始根据，并以五行阴阳贯穿始终，从而构成《齐诗》的阴阳家神秘主义特征。这一点，从翼奉的奏封事引《诗·十月之交》以说日蚀、地震与政治得失的关系中亦可看出。《诗·小雅·十月之交》有："十月之交，朔日辛卯，日有食之，亦孔之丑。"《诗纬·推度灾》有一套说法，可为翼奉说诗的注脚。《推度灾》说：

十月之交，气之相交，周十月，夏之八月，及其食也，君弱臣强，故天垂象以见徵。辛者正秋之王气，卯者正春正春之臣位。日为君，辰为臣。八月之交，卯食辛矣。辛之为。辛君，幼弱而不明，卯之为臣，秉权而为政。故辛之言新，阴事盛而阳微，其君弱而任卯臣也。（《天中记·诗·十月之交》疏引）

这是说，周朝十月，乃阴阳之气交会的时候，此正值夏朝的八月，而发生日食。这象征君弱而臣强，故天垂象以警诫。

辛代表王令，卯代表臣位，而在辛卯之时发生日食，象征卯食辛，臣欺君，君权旁落，奸臣秉政，将带来大祸。《诗纬》的这种解释，在一定程度上是符合《诗经》原意的，因为《诗经》产生的时代，也是周朝天命论流行的时代，后代学者以人文主义纯化中国早期的历史传说，因而掩盖了其神学性的一面。《齐诗》是在新的历史条件下，企图重新复活《诗经》中本有的天人感应之说，以为汉代君王受命制造理论。但由于古文经学的兴起，对神学再兴抑制，遂使《齐诗》亡佚而不传，在这一意义上说，《诗纬》不仅可以看作《齐诗》之遗说，也可看作对《齐诗》佚文的一种辑佚。

三、纬书与今文《春秋公羊传》及《春秋繁露》

《春秋》本是鲁国的编年史记，本文简约，极富微言，经孔子删定及七十子之徒口说递传，遂产生所谓春秋传。现在所存者有三种，即所谓春秋三传。《左传》详于记事，是属于经学中的古文学派。《公羊传》与《谷梁传》长于义法，是属于经学中的今文学派。故所谓今文《春秋》，是指汉代以今文治《春秋》者，即《春秋公羊传》而言。

《公羊传》，旧题战国时公羊高撰。公羊高亦齐人，相传是子夏弟子，专治《春秋》。初仅口说流传，五世相授，

第二章 纬书与汉代经学

至汉景帝时，公羊高玄孙公羊寿与齐人胡毋生将口头流传的《春秋公羊传》"著于竹帛"，流传于世。汉武帝时设为五经博士之一，故治《公羊传》者大增。董仲舒作《春秋繁露》，在探讨天人关系的形式下，把天人感应论引进对《春秋》经的研究，并以灾异、谴告、祯祥为基础，提出"天人同类""人副天数"等命题，进一步发挥了"大一统""张三世""更化""改制"的《春秋》大义，受到汉武帝的赞许，遂使《公羊传》成为汉代今文经学的主要经典。今文《公羊春秋》的造始者公羊高及其玄孙公羊寿、公羊学大师胡毋生等皆齐人。皮锡瑞所称"《公羊春秋》多言灾异，皆齐学也"，即指《公羊春秋》与《伏傅》《齐诗》一样，均属汉代"天人之学"的重要组成部分，尤其董仲舒的《春秋繁露》，则进一步发挥《公羊传》的微言大义，把《公羊传》的"多言灾异"，发展为天人感应的神学目的论，实与谶纬拉近了距离。

因此可以说，《春秋公羊传》、董仲舒的《春秋公羊》学及《春秋繁露》，这三者对纬书的造作提供了直接的材料。同时也可以反过来说，纬书的神学体系是上述三者在新的历史条件下发展的必然结果。这一点在纬书《春秋·说题辞》中说得最为明显。《说题辞》云："传我书者，公羊高也"（《公羊传·何休解诂序》疏引）；《春秋·演孔图》则云："《公羊》

全孔经"(《初学记》卷21引)。又王充《论衡·案书篇》引谶书云:"董仲舒乱我书"等。"在今文经学中,只有公羊高及董仲舒的名字见于谶纬,两人都是《公羊》学派的领袖,可见《公羊》学派董仲舒的后学至少有一部分直接参与了谶纬的造作,因此将他们的学派及先师的名字写到谶纬里面"(钟肇鹏《谶纬论略》)。

谶纬的神学体系的核心内容是天人感应论和神学目的论,而其表现形式则主要是灾异、祥瑞、符命、谴告等。所有这些内容,其思想实质没有超出以阴阳五行为骨架的思维模式。天人感应论的基本特征是首先肯定有一个主宰自然、社会,乃至整个宇宙万物的至上神。这个至上神或天神又用阴阳五行为材料构筑一个自然的世界,神的意旨即通过这个自然世界体现出来,以表示自己对地上或人间事物的瞩目与关切。这样,在谶纬神学体系中,便预设了一个天人发生联系或互相感应的链条或中间环节,即天或天神通过阴阳五行及由阴阳五行构成的物质性的自然界,去指导和主宰君、臣、民及人间的一切事物。同样,这个程序又可逆向发生作用,人的行为也可使自然界发生变化,从而感应上天。从神到物(阴阳五行)到人,再从人到物到神,是一个双向感应关系。即天、神 ⇆ 阴阳五行人。

第二章 纬书与汉代经学

上述天人感应的公式，实际上自春秋战国以来就有，但到了汉代董仲舒则集其大成，到了谶纬造作的时代，便又集董仲舒之大成，把中国政治神话或神学发展到高峰。在这一过程中，《春秋公羊传》《公羊学》及《春秋繁露》等集董仲舒于一身，并开始向谶纬神学体系过渡。董仲舒在《天人三策》中提出了天人感应的谴告与祥瑞说，成为以后谶纬神学的纲领。董仲舒说：

《春秋》之中，视前世已行之事，以观天人相与之际，甚可畏也。国家将有失道之败，而天乃先出灾害以谴告之；不知自省，又出怪异以警惧之；尚不知变，而伤败乃至。以此见天心之仁爱人君，而欲止其乱也。自非大亡道之世者，天尽欲扶持而全安之，事在强勉而已矣。……天之所大奉使之王者，必有非人力所能致而自至者，此受命之符也。天下之人，同心为之，若归父母，故天瑞应诚而至。《书》曰：白鱼入于王舟，有火复于王屋，流为乌，此盖受命之符也（《汉书·董仲舒传》）。

董仲舒的这一段话，有四层含义：第一，引证前世故事及《春秋》所记灾异，提出"天人相与之际"的"可畏"说。这种"可畏"说，从理论根源上看，盖来源于孔子的"君子有三畏"。第二，"天人相与之际"所以可畏，乃在于天能够通过自然界的变异向君主提出警告。天具有赏善罚恶的神威。因此，自然界的变异、灾害的发生，不是自然界自身运动造成的，而是由天所"出"，受天的命令而发出的，此即灾异说与谴告说。第三，天发出的灾异与谴告，是对人君的爱护与勉励，如果人君能反省思过，天便全力扶持并使之安全，因为人君是受天命而王，天不会轻易地抛弃它，此即"王者受命"说。第四，人君受天命而王，故受人间拥戴，其标志是天降符瑞，此即"符瑞"说。

在上述四层含义中，实际上提出了五种说法，即可畏说、灾异说、谴告说、受命说、符瑞说。建立在天人感应基础上的这"五说"，成为后来谶纬神学体系的基本纲领。且看纬书的说法：

天之与人，昭昭著明，甚可畏也。（《公羊传·僖公十公羊六年》何休《解诂》引）

人主自恣，不循古，逆天暴物，祸起，则日蚀。（《春秋·运斗枢》，《开元占经》11引）

挠弱不立，邪臣蔽主，则白虹刺日；为政无常，天下怀疑，则蜺逆行。《诗·推度灾》，《太平御览》878引》

凡日蚀之败成，地呕血，或天雨，蝗鸟旁蜚龙群斗。长人入宫，虎哭雉巢，列宿灭。皆祸败显然之徵也。（《春秋·潜

潭巴》,《开元占经》9引)

王者上感皇天,则鸾凤至,景星见。德下洽于地,则嘉禾兴,醴泉出。朱草生,食之令人不老。德化旁流四表,则麒麟游其囿。(《春秋·感精符》,《太平御览》839、875、889、914等卷引)

由以上可见,纬书中的"灾异""谴告""受命""符瑞""可畏"等思想均以董仲舒的《春秋繁露》为模式,并在此基础上进一步推衍,而构成纬书的神学体系。

纬书与《春秋繁露》及董仲舒的公羊学,不仅在思想模式上相似,而且在解释《春秋》的礼制、书法及微言大义方面,都是全面模仿《春秋繁露》并作神学的发挥。如"三世""三统""三正""三纲""三等""三科"等,都是公羊学派和董仲舒提出来的,纬书作了全面的继承。

所谓"三世"说,是公羊学派关于历史演变的思想。董仲舒在《春秋繁露·楚庄王》中作了进一步的发挥,他说:"春秋分十二世以为三等:有见,有闻,有传闻。有见三世,有闻四世,有传闻五世。故哀、定、昭,君子之所见也;襄、成、文、宣,君子之所闻也;僖、闵、庄、桓、隐,君子之所传闻也。"这是说,春秋所包涵的二百四十二年,上自隐公,下讫哀公,共十二世,可分三个阶段,即所见世、所闻世、所传闻世。此即"春秋三世"说。纬书对董仲舒的"三世"

说同样作了继承,如《春秋·孔演图》也把《春秋》十二世分为三个阶段,"昭、定、哀为所见之世;文、宣、成、襄为所闻之世;隐、桓、庄、闵、僖为所传闻之世"(《公羊传·隐公元年》疏引)。纬书的"三世"说,与董仲舒的"三世"说,不仅思想一致,文字也基本相同,由此可见二者的密切关系。

董仲舒根据"天道终而复始"的循环论,把春秋十二世的社会发展作为历史的大循环,并进而提出黑、白、赤三统、三正的历史哲学,以说明社会历史互相交替循环的过程。其"三统""三正"历史观的表述,以夏为黑统,尚黑色;商为白统,尚白色;周为赤统,尚赤色;继周而起的王朝,则必然反转来,重新再从黑统开始,此所谓"三正以黑统初"。董仲舒的"三正""三统"说,以古代正朔、服色、徽号、牺牲、器械、制度等为依据,布政施教,建立新王朝,这也是春秋中的正朔及大一统的政治制度思想。从正朔、服色方面,董仲舒认为夏以斗建寅(农历正月)之月为正,殷以斗建丑(农历12月)之月为正,周以斗建子(农历11月)之月为正,此为"三正"。夏以建寅为岁首,以平旦为朔,色尚黑,为"黑统";殷以建丑为岁首,以鸡鸣为朔,色尚白;此为"白统";周以建子为岁首,以夜半为朔,色尚赤,为"赤统"。此即为"三统"。在董仲舒看来,寅、丑、子三正与黑、白、赤三统构成一个历史循环的周期,与天、地、人三才相配合,便是人类社会发展的轨迹。董仲舒的这套循环论的历史哲学,到了纬书便全部继承下来,并上推伏羲,下衍秦汉,建立起一套循环论的历史神话。且看纬书的说法:

王者受命昭然,明于天地之理,故必移居处,更称号,改正朔,易服色,以明天命。(《春秋·元命苞》,《宋书·礼制》引)

天命以黑,故夏有元圭;天命以白,故殷有白狼衔钩;天命以赤,故周有赤雀衔书。《礼纬·稽命征》,《礼记·檀弓》疏引)

三皇三正,伏羲建寅,神农建丑,黄帝建子。至禹建寅,宗伏羲;商建丑,宗神农;周建子,宗黄帝;所谓正朔三而改也。(《礼纬·稽命征》,《礼记·檀弓》疏引)

夏以十三月为正,息卦受泰,其色尚黑,以平明为朔。殷以十二月为正,息卦受临,其色尚白,以鸡鸣为朔。周以十一月为正,息卦受复,其色尚赤,以夜半为朔。(《春秋·元命苞》,《通典》卷55引)

天有三统,物有三变,故正色有三。天有三生三死,故土有三王,三特一生死。(《礼纬·稽命征》,《礼记·檀弓》疏引)

纬书广泛地运用董仲舒"三统三正"的历史观，并掺进宗教神学观念，无论就思想内容还是其思维模式均与董仲舒的《春秋繁露》有密不可分的关系。其他如"三纲""三等五爵""三科九旨"等春秋礼制，纬书亦多采董说。

四、纬书与今文礼学的月令明堂阴阳说

皮锡瑞所指的汉代"天人之学"，除前面所述《伏传》五行、《齐诗》五际、《公羊春秋》、《春秋繁露》等内容外，还有今文礼学的月令、明堂阴阳说。此说反映了阴阳五行思想向儒家经典——《礼》的渗透。同时也表明了礼学系统与纬书的关系。《礼》是儒家六经之一，其起源与本意亦与宗教有密切关系。《荀子·礼论》篇说："礼有三本：天地者，生之本也；先祖者，类之本也；君师者，治之本也。……故礼上事天，下事地，尊先祖而隆君师，是礼之三本也。"荀子是无神论者，但从其"三本"说中，仍可窥见礼的原始意义，即人类对天地、先祖、君师的崇拜与敬仰，在初期必与宗教仪节有密切的关系。故《说文》称："礼，履也，所以事神致福也。从示从豊，豊亦声；豊，行礼之器，从豆，象形。"因此，礼的起源与本意，多指人民崇奉鬼神仪节的实践。后儒渐衍其义，遂自战国至秦汉，扩大了礼的范围，其中包括

了政治制度、宗教仪式、风俗习惯、哲学理念等内容，同时渗进了大量的阴阳家的思想和言论，成为纬书宗教神学的重要依据。

汉代以后，《礼》分三部：《周礼》（后世又称《周官》）、《仪礼》、《礼记》，统称"三礼"。纬书对三礼均有发挥。其中《礼记》中的月令、明堂阴阳说及《大戴礼》的《夏小正》《明堂》等，构成儒家礼学系统中阴阳消息与五行相生的基本观念，也是纬书借以发挥其宗教神学的资料来源和思想来源。《礼记》中的月令和明堂阴阳说，是依据阴阳五行观念，安排王者四时十二月所应行的政令和措施。目的在于劝诫王者顺天时而行事，故四时十二月的政令皆具有阴阳五行顺逆生胜之义。如春季正月：

孟春之月，日在营室，昏参中，旦尾中，其日甲乙，其帝大皞，其神句芒，其虫鳞，其音角，律中大蔟，其数八，其味酸，其臭膻，其祀户，祭先脾。东风解冻，蛰虫始振，鱼上冰，獭祭鱼，鸿雁来。天子居青阳左个，乘鸾路，驾仓龙，载青旗，衣青衣，服仓玉，食麦与羊，其器疏以达。是月也，以立春。先立春三日，大史谒之天子曰某日立春，盛德在木，天子乃齐，……乃命大史，守典奉法，司天日月星辰之行，宿离不贷，毋失经纪，以初为常。……是月也，不可以称兵，

称兵必天殃。兵戎不起，不可从我始。毋变天之道，毋绝地之理，毋乱人之纪。(《礼记·月令》)

春季二月：

仲春之月，日在奎。昏弧中，旦建星中。其日甲乙，……始雨水，桃始华，仓庚鸣，鹰化为鸠。天子居青阳大庙，……是月也，安萌牙，养幼少，存诸孤，择元日，命民社，命有司，省囹圄，去桎梏。是月也，日夜分，雷乃发声，始电。蛰虫咸动，启户始出。先雷三日，奋木铎以令兆民曰，雷将发声，有不戒其容止者，生子不备，必有凶灾。(《礼记·月令》)

一年四季十二月，皆以阴阳五行为间架，配以方位、颜色、音律、星座及五帝、五神、五味、五脏、五虫、五音等自然物与人事等，敬顺昊天，言生尅反成之事，则于节令、候应，记一岁五德终始之理、吉凶灾异之变，用以作为王者在一年十二个月中所应从事的活动和政令的依据。凡顺乎六时而行事者，谓之顺令；反之则谓之逆令。顺令则有应得的嘉祥吉兆；逆令则会产生灾异变怪。人类的活动同某些自然现象成为一类，此谓"类同相召，气同则合"。既然同属一类，便会互相感应。如果在人事上不按同类原则而活动，或春季行秋令，或夏季行冬令，就会发生非常变化。如《月令》所说：

孟春行夏令，则雨水不时，草木蚤落，国时有恐。行秋令，则其民大疫,猋风暴雨至,藜莠蓬蒿并兴。行冬令,则水潦为败,雪霜大挚,首种不入。

孟夏行秋令,则苦雨数来,五谷不滋,四鄙入保。行冬令,则草木蚤枯,后乃大水,败其城郭。行春令,则蝗虫为灾,暴风来格,秀草不实。

孟秋行冬令,则阴气大胜,介虫败谷,戎兵乃来。行春令,则其国乃旱,阳气复还,五谷无实。行夏令,则国多火灾,寒热不节,民多疟疾。

孟冬行春令,则冻闭不密,地气上泄,民多流亡。行夏令,则国多暴风,方冬不寒,蛰虫复出。行秋令,则雪霜不时,小兵时起,土地侵削。

以上只是一年四季的头一个月,其余八个月皆如此类。此即《月令》的天人感应原理。这一原理,在纬书中得到全面发挥。纬书亦十分强调王者的政令对天地自然及人事吉凶的影响,故按《月令》的原理,规定一年四季十二个月王者所行之事必与星气配合。如《书纬·考灵曜》云:

气在于春,其纪岁星,是谓大门,禁民无得。斩伐有实之木,是谓伐生,绝气于其时。诸道皆通,与气同光。……而是则岁星得度,五谷滋矣。(《玉烛宝典》1引)

气在于夏,其纪荧惑,是谓发气之阳,可以毁消金铜,

举与气同光。……是谓敬天之明,必勿行武。……而是则荧惑顺行,甘雨时矣。(《玉烛宝典》4引)

气在于秋,其纪太白,是谓大武,用时治兵,是谓得降功;非时治兵,其令不昌。……以顺秋金衣白之时,而是则太白出入,当五谷成熟,民人昌矣。(《玉烛宝典》7引)

气在于冬,其纪辰星,是谓阴明,无发冬气,使物不藏;无害水道,与气相保,物极于阴,复始为阳。……如是则辰星宜放其乡,冬藏不泄,少疾丧矣。(《玉烛宝典》10引)

四季如此,十二个月亦各有所应,此与《月令》所记,大同小异。这些都是所谓"顺令",即王者所行之令与星气相乘,则阴阳得度,星纪居常,五谷滋长,甘雨时降,民事繁昌,人少疾丧。纬书一方面强调人事政令要以阴阳星纪为准;同时又强调王令可以改变阴阳星纪的运行,此即董仲舒所谓"人事可以塞天变"的天人感应论。纬书在《礼记·月令》的基础上,极力倡言生克反成之事。即按着《月令》的星纪配合原理,进一步提出"日月五星七政之道",把《月令》的天人论进一步神秘化。认为,"天子观天文,察地理,和阴阳,揆星度",便可"原神明之变,获福于无方"(《礼纬·含文嘉》,《大唐开元占经》66引)。强调天文、地理、阴阳、星度是王者行令的准则,丝毫不能违背。如有违背即

为"逆令",必带来星纪错位,阴阳失度,从而发生大灾。如《书纬·考灵曜》说:

> 岁星为规,荧惑为矩,镇星为绳,太白为衡,辰星为权。权、衡、规、矩、绳并皆有所起,周而复始。故政失于春,岁星满偃,不居其常;政失于夏,荧惑逆行;政失于季夏,镇星失度;政失于秋,太白失行,出入不当;政失于冬,辰星不效其乡。五政俱失,五星不明。……此则日月五星共为七政之道,亦名七曜,以其是光曜运行也。(《五行大义·论七政》16引)

月令本为王者所设计,故为"王礼"的一部分。这种"王礼"又必须有特定的场所,以便于王者居住其中,按月行令。此所,汉代称"明堂月令"或"王居明堂之礼"。照《月令》所说,天子春居东方青阳三室,夏居南方明堂三室,秋居西方总章三室,冬居北方玄堂三室。四隅之处,门户重合,实为一室,如春天所居为青阳右个,实际也是夏天所居的明堂左个,区别在于春天开东门,夏天开南门。四隅之室各开两门,这样所谓明堂实为九室。《大戴礼·明堂》说:"明堂者,古有之也。凡九室,一室而有四户八牖,三十六户,七十二牖,以茅盖屋,上圆下方。……二九四七五三六一八。"

除《月令》《大戴礼·明堂》对明堂制度有所记载外,《吕氏春秋》《淮南子》《周礼·考工记》等书对明堂亦各有说法。虽然说法不一，但作为儒家经典的礼学系统，把月令与明堂联系起来，并以此为王者承天顺时，昭令宗祀之礼，则是没有疑义的。而把月令、明堂与阴阳五行、八卦、九宫、太一等说混合在一起，则是纬书对今文礼学的月令、明堂阴阳说的进一步发展和神学化。

《礼纬·含文嘉》说："明堂所以通神灵，感天地，正四时"（《太平御览》533引）。"礼天子灵台，所以观天人之际，阴阳之会也。揆星度之验，徵六气之瑞，应神明之变化，睹日气之所验，为万物获福于无方之原，招太极之清泉。……天子得灵台之则，五车三柱，明制可行，不失其常，水泉川流，无滞寒暴暑之灾，陆泽山陵，禾尽丰穰"（《太平御览》534引）。在纬书看来，明堂乃是帝王观天人之际、合阴阳、揆星度、征六气、招清泉、降福瑞的神圣场所，也是沟通人与神的地方。故《孝经纬·援神契》说：

明堂者，天子布政之宫，八窗四闼，上圆下方，在国之阳。（《礼记·明堂位》疏引）

明堂之制，东西九筵，筵长九尺。明堂东西八十一尺，南北六十三尺，故谓之太室。（《太平御览》533引）

得阳气明朗，谓之明堂。以明堂义大，故所合理广也。（《周礼·匠人营国》疏引）

明堂有五室，天子每月于其室，听朔布教，祭五帝之神，配以有功德之君。（《南齐书·礼志》引）

纬书对今文《礼》中月令明堂阴阳说的神学化，一方面表明儒家礼学系统与其《诗》《书》《春秋》系统一样，本身即包含有宗教神学的胚胎；同时也表明汉代今文经学家对儒家经典的诠释，有复兴古代宗教神学的企图。纬书正是在这一意义上，继承并发展了今文经学家的工作，为汉代儒家经典的全面神学化铺垫了道路，从而构成汉代文化发展中的重要环节。

五、纬书与今文《易》学的卦气灾变说

《汉书·儒林传》称，自鲁商瞿受《易》于孔子，传六世而至齐人田何。及秦禁学，《易》为筮卜之书，独不禁，故传授者不绝。汉兴，田何传《易》于丁宽，宽授田王孙，孙授施雠孟喜、梁丘贺。故汉初言《易》者多本于田何。此亦今文《易》的起缘与传授系统。其中，以孟喜较为突出。《汉书·儒林传》称："喜好自称誉，得《易》家候阴阳灾变书，诈言师田生（田王孙）且死时枕喜膝，独传喜，诸儒以此耀之。"云云。可知，自孟喜，阴阳灾变说侵入《易》学，并以六十四卦分配气候，始以卦气言《易》。孟喜的阴阳卦气

说传梁人焦延寿，寿又传给京房。于是，《易》又有京氏之学。《汉书·儒林传》称，焦延寿"独得隐士之说，託之孟氏，不相与同。房以明灾异得幸。"可知京房《易》学与孟喜《易》学的共同特点，是以阴阳灾异说《易》，此亦属西汉中后期的"天人之学"的范畴。

以孟喜、京房为代表的今文《易》学，特别是其中的阴阳卦气说，与纬书系统中的《易纬》《稽览图》《乾凿度》《坤灵图》《通卦验》《是类谋》《辨终备》等七篇的内容互相发明，互相影响，甚至难分彼此，故清末学者吴翊寅认为，"《易纬·乾凿度》为孟喜所述；《稽览图》《通卦验》皆京房所述"（《易汉学考一·易纬考上》）。由此可看出孟京《易》学与《易纬》的亲缘关系。

《汉书·艺文志》录有《孟氏京房》十一篇、《灾异孟氏京房》六十六篇、《京氏段嘉》十二篇等。从这些篇目的名称看，实与孟喜"得易候灾变书"，京房"其说长于灾变"等说法相符。孟氏《易》已失传，其《易》说的一部分保存在唐僧一行的《卦议》中。京房《易》也大部分失传，现在留传下来的只有《京氏易传》三卷（有陆绩注、宋晁公武跋），其余佚文多收在马国翰和黄奭所纂辑的辑佚书中。孟喜的卦气说，是以《周易》卦象解说一年节气的变化，即以六十四卦配四时，十二月，二十四节气及七十二候，此即所谓卦气。如孟喜说：

> 自冬至初，中孚用事。一月之策，九六七八，是为三十。而卦以地六，候以天五，五六相乘，消息一变。十有二变而岁复初。坎震离兑，二十四气，次主一爻。……故阳七之静始于坎；阳九之动始于震；阴八之静始于离；阴六之动始于兑。故四象之变皆兼六爻，而中节之应备矣。（《卦议》，载《新唐书卷27上》）

以上孟喜的卦气说要点有三：一是强调从冬至初候开始，配以《中孚》卦，此即"中孚用事"。二是五乘六为三十日，代表一个月的节气，一年十二个月，故其节气的变化有十二阶段，往复循环。三是二十四节气分属四个阶段，分别以坎震离兑四卦主管，每卦分得六个节气，而一卦六爻的每一爻又主管一个节气。这样，坎震离兑四正卦共二十四爻正配二十四节气，而四正卦之初爻则分别为冬至、夏至、春分、秋分。此即"四象之变，皆兼六爻，而中节之应备矣"。

孟喜的卦气说，至京房又得到进一步发展和完善。《汉书·京房传》称其《易》学"长于灾变，分六十四卦，更直日用事，以风雨寒温为候，各有占验"。其易说分八宫、纳甲、五行、卦气，把孟喜的卦气说完全纳入其阴阳灾异的框架中，成为《易纬》直接袭取的思想资料。如《易纬·稽览图》论卦气说：

卦气起中孚，故离、坎、震、兑，各主其一方，其余六十卦，卦有六爻，爻别主一日，凡主三百六十日。余有五日四分日之一者，每日分为八十分，五日分为四百分四分日之一，又为二十分，是乃百二十分。六十卦分之六七四十二卦，别各得七分，是每卦得六日七分也。（《易·复卦》疏引）

又说：

冬至日在坎，春分日在震，夏至日在离，秋分日在兑。在兑四正之卦，卦有六爻，爻主一气，余六十卦，卦主六日七分，八十分日之七。岁在十二月三百六十五日四分十五日之一，六十而一周。（惠栋《易汉学》引）

这两段材料都是讲一年节气的变化，起于中孚。"六日八十分之七"，指一卦所主之时。"四正之卦"即孟京所言坎震离兑之卦。由此可看出，《易纬》的卦气说，基本上来源于孟喜京房的卦气说。按京氏《易》学，每年节气和物候的变化秩序是固定的，均由阴阳的升降、消息所决定，并以消息卦和杂卦的关系，解释气候反常现象，以此讲天人灾变。如当时京房与石显（汉元帝时曾任中书令）、五鹿充宗（当时为尚书令）二人有隙，当京房遭排挤而被外放时，即以上

述卦气说奏上卦事给元帝,以言灾异。他说:

乃丙戌小雨,丁亥蒙气去,然少阴并力而乘消息,戊子益甚,到五十分,蒙气复起。此陛下欲正消息,杂卦之党之党并力而争,消息之气不胜。强弱安危之机不可不察。己丑夜,有还风,尽辛卯,太阳复侵色,至癸巳,日月相薄,此邪阴同力而太阳为之疑也。……臣得居内,星亡之异可去。(《汉书·京房传》)

"蒙气",指蒙卦之气。蒙为正月卦,乃决寒之征,象征皇帝周围小人用事。"消息",指主管阴阳二气消长的卦,亦称消息卦。"少阴并力而乘消息",是指阴气合聚而破坏消息卦所主管的阴阳消长之势。"杂卦之党",指消息卦之外,主管其他气候变化的势力,这里引申为与皇帝对立的奸党小人。"还风",孟康注曰:"诸卦气以寒温不效后九十一日为还风。还风,暴风也。风为教令,言正令还也。""星亡之异",指灾异变怪。上述这段材料是京房卦气说的具体运用。丙戌至己丑夜共四天,至癸巳共八天,京房依据其间的天气变化,以日象征君,以蒙气、阴、雨、月等象征佞臣,以此进行比附推论,借灾异而抒发个人政见。京房的卦气说对《易纬》的形成影响甚大。《易纬·稽览图》认为:以杂卦?消息卦,是阴阳灾变的主要原因。

如果一年四季气候的变化符合卦气的顺序，即按四正卦主管二至二分（冬至、夏至、春分、秋分），十二消息卦主管十二月阴阳二气的消长，杂卦于其间主管其他气候的变化，四正卦、消息卦、杂卦各行其事，不互相干扰，即产生卦气协和的效果，此谓"卦气效"。卦气效，则阴阳正位，天下太平。如果卦气不效，即不符合卦气顺序，则阴阳失位，当寒而温或当温而寒，气候反常，则天下大乱，灾祸横生。《通卦验》论卦气应验说：

凡易八卦之气验应，各如其法度，则阴阳和，六律调，风雨时，五谷成熟，人民取昌，此圣帝明王所以致太平法。故设卦观象，以知存亡。夫八卦谬乱则纲纪败坏，日月星辰失其行，阴阳不和，四时易政。八卦气不效，则灾异气臻，八卦气无应失常。

这里的"八卦"，指乾、坎、艮、震、巽、离、坤、兑。乾卦位在西北，主立冬；坎卦位在北方，主冬至；艮卦位在东北，主立春；震卦位在东方，主春分；巽卦位在东南，主立夏；离卦位在南方，主夏至；坤卦位在西南，主立秋；兑卦位在西方，主秋分。八卦各有方位，各有所主，"夫卦之效也，皆指时，卦当应它卦气，及至其灾，各以其冲应之，此天所以示告于人者也"（《易纬·通卦验》）。八卦各有其位，各有所主，而更重要的是各有其时，因为它们各自代表不同的节气，故八卦之气不按时而出，或早或晚，或前或后，就会干扰或侵犯了其他卦所管的节气，这样就会发生灾异。如《通卦验》论艮卦的卦气时说：

艮，东北也，主立春。鸡鸣黄气出，值艮，此正气也。气出右，万物霜；气出左，山崩涌水出。艮气不至，则立秋山秋山陵多崩，万物华实不成。五谷不入，应在其冲。艮气见于春分之分，则万物不成，艮为山、为止。不止，则气过山崩。艮气退，则数有云雾霜。

这是说，立春之晨，鸡鸣报晓，艮卦用事，黄气始出。因为艮居东北，配五行，其色为黄，这是正常的气候。但如果艮气出于大寒的季节，则必有繁霜，万物披寒，此即"气出右，万物霜"。即艮气在立春前的大寒出现，自然界就会发生灾变。同样，艮气如果来得晚，"气出左，山崩，涌水出"。"气出左"，指艮气在立春后的惊蛰出现，此谓晚出，会带来山崩地裂，大水涌出的自然灾变。无论早晚，只要在立春时，艮气不按时而至，那么，到与立春相对的立秋节气，也会有灾变，而且"万物华实不成，五谷不入"，此谓"应在其冲"。如果艮气见于春分之时，同样会发生山崩地裂；如果晚出，见于雨水，则会屡次出现云雾和霜冻。艮卦如此，其余七卦的卦气也是这种体例。

以上是《易纬》对八卦卦气说的阐发,其资料及思想来源均出自孟、京卦气说。不仅八卦卦气有如此效验,其他如十二消息卦,亦有卦气效验。如春季卦气:

春三月,候卦气,比不至,则日食无光,君失政,臣有谋,期在其冲,白气应之期,百日二旬,臣有诛者则各降。

这是说,主春季三月气候的卦气为泰、大壮、夬三卦。此三卦卦气如不按时而至,则必有日食,太阳无光,君不明,臣有他谋。与春三月相对的秋三月,则必有白气应之。"白气"即金气,春属木,秋属金,金沴木则更位。故过一百二十日,在内有他谋的佞臣必遭诛,此乃天降之灾,不能逃脱。其他十一个月的消息卦皆按此例,若卦气不效,则天灾人祸并起。此即消息卦之卦气说。

总之,易纬与孟京今文易学的卦气灾变说如出一辙,尤其《易纬·稽览图》与京房易学有更密切的关系,二者在时间上相近,故京氏及其弟子可能参与了纬书易学系统的造作。

第三章　纬书与汉代哲学

西汉王朝取代秦以后，秦王朝的暴政和对思想界的高压政策被解除了。在哲学思想方面，出现了儒家道家重新活跃的局面。西汉初年，和"与民休息"的政策相适应，统治者曾一度选取了以道家思想为主，以法家思想为补充的黄老之学作为统治思想，使道家学说得到发展。至汉武帝时，中国封建社会进入强盛时期，随着社会生产力的发展和封建专制主义中央集权的加强，汉武帝采纳了董仲舒"罢黜百家、独尊儒术"的建议，把以孔子为代表的儒家思想定为一尊，遂使儒学取代了汉初发迹的黄老刑名之学，一跃而为封建社会的统治思想。

由于汉代政治、经济的统一，儒学的发展亦改变了战国时期的面貌，出现了各家思想依附儒学的情况，即出现了前章所述的思想学术综合的局面。这一局面表现在哲学上，遂出现两种倾向：一是沿着道家自然天道观的方向发展，力图把天道与人事分开，从而反对神权论。一是沿着儒家天命论的方向发展，力图把天道与人事合一，从而建立新的宗教神学。这两种倾向随着汉代社会的迁移和政权的演变，由暗到明，由浅入深地交织在一起，共同构成汉代哲学的交响曲。他们从不同的立场出发，殚其心智，探求天道与人事的关系，从而建立起具有汉代特点的"天人之学"，并围绕"天人关系"这一重心，举凡宇宙构成，人物化生，政治治乱，命运福祸等都引起他们的深切关注。纬书系统的哲学思想即是整个汉代哲学交响乐中的重要一章。纬书以自己特有的方式，提出了诸如"天人感应论""宇宙创生论""万物构成论""神含元气论""阴阳五行论"等哲学内容。

一、天人感应论

自秦统一中国以后，地上的王权得到空前的发展。郡县制代替分封制的结果，使中国社会真正摆脱了奴隶制的枷锁，开始了典型的封建制（世界史意义上的封建制，而非中国的分封制）的历史进程。为了适应地上王权的统一和不断巩固的需要，汉代统治者重新起用在战国诸子的冲击下已被淡化了的宗教神权力量，以加强自己的统治。

汉武帝一即位,便向董仲舒提出了这一问题。汉武帝问:"三代受命,其符安在?灾异之变,何缘而起?……百姓和乐,政事宣昭,何修何饬而膏露降,百谷登,德润四海,泽臻草木,三光全,寒暑平,受天之佑,享鬼神之灵,德泽洋溢,施虖方外,延及群生?"(《汉书·董仲舒传》)

董仲舒答:"臣谨案《春秋》之中,视前世已行之事,以观天人相与之际,甚可畏也。国家将有失道之败,而天乃先出灾害以谴告之,不知自省,又出怪异以警惧之,尚不知变,而伤败乃至。以此见天心之仁爱人君而欲止其乱也。"(《汉书·董仲舒传》)

汉武帝与董仲舒这一问一答,便提出了一个重要的哲学问题,即汉代人所谓的"天人之际"的问题。这一问题,用现代哲学来概括,就是人与自然的关系问题。在董仲舒看来,人与自然的关系,是合一的关系。其所以能够合一,即在于天与人是同类。他说:"以类合之,天人一也"(《春秋繁露·阴阳义》)。这是说,天和人是同类的,因此,人有什么,天就有什么;天有什么,人也就有什么。人是天的副本,"人之所以为人,本于天"。从形体说,人有骨节,天有时数;人有五脏,天有五行;人有四肢,天有四时;人有视瞑,天有昼夜。从人的感情说,人有好恶,天有暖清;人有喜怒,天有寒暑。至于人的道德品质，则更是天意的体现。因此人的行为符合天意，天就喜欢，反之天就震怒。此即"天人感应论"或'天人合一"说。

纬书系统的"天人感应论"，基本上是对董仲舒的"天人感应"论的继承和发挥，从而构成纬书系统的主要哲学内容。就"天人相副"说，纬书认为：

人头圆象天，足方象地，五脏象五行，四支法四时，九窍法九分，目法日月。肝仁，肺义，肾智，心礼，胆断，脾信，膀胱决难，发法星辰，节法日岁，肠法铃。（《孝经纬·援神契》《太平御览》363引）

《援神契》的这段材料，把人的属性与天地、日月、星辰等自然界的事物完全归类在一起，以证明天人之间的密切关系，同时又把人的仁、义、礼、智、信等道德品质归于人的生理器官，从而建立起一套与董仲舒"天人合一"说完全类同的"天人相副"论，为其天人感应论确立理论基础。在纬书看来，不仅人如此，天地万象，社会万事，皆有天人同类的性质，因此都可以互相感召。《春秋纬·元命苞》说：

象龙者多腾跃，象虎者多滞腻，象牛者多决裂，象马者多傲利，象豕者多胡途，象狗者多寨戾，象鸡者多疏戾，象兔者多缺少，象鼠者多晦昧，象蛇者多光陆，象猴者多者多捷便，象羊者多缠绵。以此十二象，稽之于天，度之于地，推于万象，方之庶类，画天法地。是故为人，取象于天地，庭法紫微，颜法端门，颐为辅，北斗以应人之七孔，昆仑为颠，嵩高为准目，以象河口，以象海耳，为附达界亭埒也。(《清河郡本》引)

这里所谓"十二象"是中国十二属象的较早记录，其来源亦出于"天人同类"说。"人取象于天"应包括多重意义：一、在于自然论的解释，不赋于其道德神权的含义，这在汉代普遍流行，这也是中国早期哲学对人之来源的探讨。二、道德论的解释，即赋于天象以道德的内容，认为人之道德来源于天之道德，或以人之道德赋于天有道德，这种观点来源甚早，可以上推殷周。三、为神权论的解释，即认为天有神灵，人为天所生，故人含有天之灵性。纬书则属于第三种，其"人取象于天"，目的在于论证人象天、法天，故可发生天人感应。

纬书广泛地运用"人副天数"的方法，把天拟人化，或把人完全归于天数，把两汉时期的"人学"引向神秘主义。如纬书说："人之七孔，内法五脏，外方五行，庶类气契度也"(《春秋·元命苞》《清河郡本》引)。宋均注曰："万类与人皆同，一辙内外若契合者也。"这是说，人的身体结构与自然物类有密切联系，甚至丝毫不爽，若如契合。如果不是神灵为之，实在无法理解。纬书即按这一路数解释人的身体结构和人的自身存在。它说：

舌之为言达也，阳立于三，故舌在口中者长三寸，象斗玉衡，阴合有四，故舌沦入溢内者四寸。（《春秋·元命苞》《清河郡本》引）

头者神所居，上员象天，气之府也。岁必十二月，故人头长一尺二寸。（《春秋·元命苞》，《太平御览》363引）

腰而上者为天，尊高阳之状。腰而下者为阴，丰厚地之重。数合于四，故腰周四尺。髀之为言跂也，阴二，故人两髀。（《春秋·元命苞》），《太平御览》372引）

阳立于三，故人脊三寸而结。阴极于八，故人旁八干，长八寸。脐者下流，并会合为脐腹。（《太平御览》371引）

纬书所言人体结构皆如此。此亦为汉代医学所采，说明当时医学的水平尚在幼稚阶段。但作为以思想意识形态为主的纬书系统，在强调人的自身结构来源于人周围的自然物的同时，并未停止在医学阶段，而是通过人体结构，论证人作为社会性的动物，乃与天、与神保持着同一的关系。正因为人有这种与自然契合的神秘特点，因而人就可以感化自然物，从而通过自然物感化天帝神灵。人本于天地神灵，故应顺应天地神灵，如稍有不顺，则会发生天人关系的断裂，从而造成灾异变怪。如纬书说：

> 凡天象之变异，皆本于人事之所感，故逆气成象而妖星见焉。（《春秋·元命苞》，《开元占经》85 引）

> 不顺天地，君臣职废，则乾坤应变。天为不放，地为不化。终而不改，则地动而五谷伤死。上及君位，不敬宗庙社稷，则震巽应变，飘风发屋，折木，水浮梁，雷电杀人，此或出入暴应之也。……夫妇无别，大臣不良，则四时易，政令不行，白黑不别，愚智同位，则日月无光，精见五色。（《易纬·通卦验》）

这是说，逆气成象、妖星屡见、飘风发屋、雷电杀人，以及地震、水灾等异常现象的发生，无一不与人事相关，即"皆本于人事之所感"。这里所谓"人事"，既有君臣之政，又有百姓之事。对于君臣说，不顺天地、不敬宗庙、君臣废职，等等，都会引起自然界的变异。甚至夫妇男女无别等社会道德的堕落，也会带来四时不序的灾害。总之，纬书的天人感应论，把天变与人事、自然现象与社会现象完全混同在一起，以此抹杀天人的区别。这种建立在宗教神学基础上的"天人合一"说，与汉代整个思想潮流相一致，即企图建立一种新的宗教，以与地上逐渐统一起来的强大王权相适应。一方面为政治专制作辩护，一方面亦有匡治王权偏失的意义。这也就是董仲舒提出的所谓灾异"谴告"说。认为自然界的灾异对君主有谴责、警告的意义，故君主见灾异出现，就应自省，以便随时纠正偏失。因此，在汉代，哲学家把一切能派上用场的思想，如天文、地理、五行、星算、历数、阴阳等观念均用来指示人事的行为，特别是君主的行为。纬书大量地采用当时天文学的成果并把它变成一种神秘的思想武器，纳入其天人感应的宗教神学体系中。如《春秋纬·运斗枢》说：

荧惑失色，为太白所掩，是谓火不能铄金，金盛刚而火渐衰，西方兵大起，南国兵弱，不可以战。若遇夏六月，则兵可急战，从南至西，反凶为吉。若过夏令，金气愈盛，战必大败。若只轮匹马无反者，主将受戮，小将斥逐。（《开元占经》120引）

这是利用天文星宿的运行来推说灾异。即认为星宿出没与人事有直接关系。"荧惑"，指火星。"太白"为金星。火星被金星所掩，本是行星运行中的正常现象，但在纬书看来，则表示金（阴气）盛而火（阳气）衰，这种自然星气的变化将对社会人事发生重大影响，其直接后果，便预示"西方兵大起"，不能迎战。若在六月，发生这样的现象，兵可急战，并且必须从南至西，方可反凶为吉。原因是六月阳气当令，可以稍稍克制阴的势力。但时间不长，一过夏令，又以阴气为主,故"战必大败"。这种把自然现象社会化、人事化的思想,是天人感应论的进一步推广,也是纬书的主导思想。甚至日食、月食、天气的寒暖等,皆被视为主导人事吉凶的征兆,《春秋·感精符》说:

日无光,主势夺,群臣以谏术,色赤如炭,以急见伐,又兵马发,日黑则水淫溢,日朝珥则有丧孽,日已出若其入,而云皆赤黄,名曰日空,不出三年,必有移民而去者也。(《后汉书·五行志》注引)

虹贯日,'天下悉极,文法大扰,百官残贼,酷法横杀,下多相告,刑用及族,世多深刻,狱多怨宿,吏皆惨毒,国多死孽,天子命绝,大臣为祸,主将见杀。《后汉书·五行后汉志》注引

纬书的天人感应论实质上是一套吉凶验占的体系,自然界的一切现象均可与人事挂钩,从而判断和预测人间的一切事物,这实际上已经不同于董仲舒的"天人感应论"。按董仲舒的理论,天的权威可以改善王政,王政的好坏反转来又影响天意,故天有灾异乃是对人君的爱护,即"以此见天心之仁爱人君而欲止其乱也"。纬书的天人感应论在包含董氏思想的基础上,把这种感应论泛化为一种普遍的神学原理,或泛化为一种符号系统。在这一符号系统中的一切现象,均

有对应关系，故出此可以见彼，出彼可以见此，谁也无法逃脱这种神意的安排。这样就把董氏天人感应的可逆性转变为一种单向的天启神学，从而完成了从董仲舒及汉代天人之学向宗教的转化。因此，从本质上讲，纬书实是中国早期宗教在汉代的复活，其所规定的教主是儒家的开创者孔子，故其教可称为儒教。

二、宇宙创生论

宇宙如何发生？天地万物如何起源？这是中国古代哲学家普遍关心的问题，也是汉代哲学所要着重解决的问题。在纬书以前，《吕氏春秋》上承老庄，提出"万物所出，造于太一，化于阴阳"（《吕氏春秋·大乐》）的太一阴阳化生论，成为汉代宇宙形成论的一种形式。但《吕氏春秋》没有全面展开这一问题，直至《淮南子》的出现，才提出了较为系统的宇宙形成论。如《淮南子·天文训》说：

> 天坠（地）未形，冯冯翼翼，洞洞灟灟，故曰太昭。道始迮于虚霩，虚霩生宇宙。宇宙生元气，元气有涯垠，清阳者薄靡而为天，重浊者凝而为地。清妙之合专易，重浊之凝竭难，故天先成而地后定。天地之袭精为阴阳，阴阳之专精为四时，四时之散精为万物。

《淮南子》的宇宙形成论是对汉初黄老学派关于气的学说的阐发。它用"元气"这一范畴，说明天地万物的形状。其所谓"元气"，是指阴阳二气尚未分化的混沌状态，其中有"涯垠"（界限），阳气轻清，故可上升飞扬而成天；阴气重浊，故下降凝固而为地。阳气轻扬容易结聚；阴气重浊，难于凝固，所以"天先成而地后定"。天地形成后，又各含有阴阳二气，分别形成各种自然物。

《淮南子》的宇宙形成论，第一次提出了原初物质的概念，并认为宇宙的存在是一个发生和形成的过程。其在先秦以来的气论或精气论的基础上，在"气"前加一"元"字，即表明它所探讨的问题是形成问题。自然界不仅存在着，而且形成着，这是一种朴素自发的辩证法观点。它为汉代的宇宙形成论学说奠定了基础。此后又有杨雄的《太玄》，他虽以儒家典籍《周易》为本，但同样继承了汉初黄老学派的传统，摹仿《周易》的体例提出一套世界图式，企图以这个图式说明宇宙的形成和万物的普遍联系。

以《吕氏春秋》《淮南子》《太玄》为代表的宇宙形成论的哲学体系，反映了先秦道家的自然观在汉代的复兴。它代表了一条无神论的路数，开拓了汉代自然哲学的广阔视野，为以后中国哲学的发展确立了方向。纬书系统则不同，它的宇宙形成论是建立在天人感应的基础上，是在董仲舒儒学独尊的口号下，创立儒家宗教的尝试中提出的，故带有鲜明的有神论色彩。故与其说宇宙形成论，不如说宇宙创生论更为贴切。尽管纬书的宇宙创生论带有宗教神学色彩，但其作为一种哲学，亦有自己的特色，并对中国哲学的发展同样带来深远影响。

纬书的宇宙创生论，是在全面综合了儒道两家的宇宙形成论的基础上提出的，其中特别是吸收了阴阳五行家的世界图式，并与《易传》的世界图式相结合，打破了阴阳家不讲八卦，《易传》不讲五行的传统。如《易纬·乾凿度》说："孔子曰，易始于太极。太极分而为二，故生天地。天地有春秋冬夏之节，故生四时。四时各有阴阳刚柔之分，故生八卦。八卦成列，天地之道立，雷风水火山泽之象定矣。……皆易之所包也。至矣哉易之德也。"《乾凿度》的这段话，是对《易·系辞》"易有太极，是生两仪，两仪生四象，四象生八卦"世界图式的解释。这种解释，把"易有太极"改为"易始于太极"，则增加了纬书世界图式的重要环节。《乾凿度》说：

夫有形生于无形，乾坤安从生？故曰，有太易，有太初，有太始，有太素也。太易者，未见气也。太初者，气之始也。

太始者，形之始也。太素者，质之始也。气、形、质、具而未离，故曰浑沦。浑沦者，言万物相浑成而未相离。视之不见，听之不闻，循之不得，故曰易也。易无形畔。易变而为一，一变而为七，七变而为九。九者，气变之究也，乃复变而为一。一者，形变之始，清轻者上为天，浊重者下为地。

这段话是纬书系统关于宇宙形成的典型描述。其中包含了宇宙发生的各个阶段：一为"太易"的阶段。这一阶段是"未见气"的阶段，郑玄注说："有理未形，故曰太易"。二为"太初"阶段，乃气的开始阶段。郑玄注说："元气之所本始。太易既自寂然无物矣，焉能生此太初哉？则太初者，亦忽然而自生。"郑玄的"自生"概念未必符合《乾凿度》的本意，但它却开了魏晋玄学中崇有论"万物自生"说的先河。《乾凿度》的宇宙形成的第三个阶段是"太始"。"太始者，形之始也"，此言太初之气开始变为有形，即开始形成具体气物。第四阶段为"太素"，乃"质"之始。"质"，指量、性，即具体气物形成时，同时含有此一气物的性，由此才能构成此一事物。《乾凿度》的宇宙形成的四阶段论，实际上并无科学根据，它只是建立在汉代天文学和宇宙论基础上的一种哲学猜测而已。这里值得注意的是：

第一，《易纬·乾凿度》已把儒家的《易传》"太极"

说与老子的"道"论结合起来,用老子"视之不见,听之不闻,循之不得"来描述"易"之无形。故郑玄注说:"太易,无也。太极,有也。太易从无入有。"实为老子"有生于无"的翻版。"气、形、质具而未离,故曰浑沦",郑注说:"虽含此三始而犹未有分判",实又为老子"有物混成,先天地生"之说。这种引老入儒的综合方式,实开后世儒道为一的先河。

第二,把易学系统的八卦象数学与阴阳五行家的阴阳学说相结合。上文所引的四阶段即属阴阳学说系统,而下半段易"变而为一,一变而为七……"即属易学象术系统。二者结合的结果,使汉代的宇宙生成论更趋复杂化、烦琐化和神秘化。

《乾凿度》把宇宙形成的最初阶段称作"太易",此为《易纬》自家体贴出来的。而"太初""太始""太素"为《易纬》之前本有。"太初"最早出于《庄子》一书。《庄子·天地篇》有:"泰初有无,无有无名";《列御寇》有:"太一形虚,若是者,迷惑于宇宙,形累不知太初。""太初"在《庄子》书中凡两见,均有宇宙初始之意,但不明确。且《天地》与《列御寇》两篇皆晚出之作,故"太初"一词发端于汉代盖不成问题。"太始"一词,先秦著作未见。而在《淮南子·天文训》中原作"太昭",且仅此一见。"太素"一词多见于《淮南子》，如"明白太素，无为复朴"；"弃聪明而反太素"；"偃其聪明而抱其太素"等。这里的"太素"是与"聪明""人为"相对而言，是在老子"见素抱朴，少私寡欲"意义上使用的。而《乾凿度》中的"太易""太初""太始""太素"四个词，均用来表述宇宙发生的阶段，并与"气"有较多联系，因此可以说《乾凿度》关于宇宙形成的四阶段论，完全具有自己独特的风格和内容，不能把它看作对《淮南子》宇宙形成论的抄袭。

接着《乾凿度》的宇宙形成论，可以用下列图式表示其过程：

①太易→太初→太始→太素→天地

②太极→天地→四象→八卦

③一→七→九→一

上述三个图式从不同角度描述宇宙形成过程。在第一个图式中，"太易"作为开端，而《乾凿度》自称此阶段为"未见气"。这就是认为宇宙开始于虚无，郑玄注即持此说。在第二个图式中，"太极"作为开端。"太极"一词来源于《易传》，先秦两汉的著作中对"太极"一词亦多有称引。从宇宙形成的意义上说，"太极"是气未分化的状态，故郑玄注说："太易，无也。太极，有也。太易从无入有。"《洛书·灵准听》也说：

> 太极具理气之原。两仪交媾，而生四象；阴阳位别，而定天地。其气清者，乃上浮为天；其质浊者，乃下凝为地。

"太极具理气之原"，即认为"太极"是气未分化的状态，故其中含有理和气的成分。所以从第二个图式看，宇宙始于太极，而太极又是气未分化的状态，这显然与第一个图式宇宙始于"未见气"的"太易"有本质的不同。在第三个图式中，"一"作为开端。而"一"在先秦哲学中，往往被视为万物的开始，在汉代哲学中，往往被看作没有分化的气。如"天地未形，窈窈冥冥，浑沌为一，……离而四时，分为阴阳"（《文子·九守》）。再如"天地之气，合而为一，分为阴阳，判为四时，列为五行"（《春秋繁露·五行相生》）。可见，第三个图式与第二个图式是吻合的，即认为宇宙始于混沌未分的气。

问题是第一个图式中的"太易"究竟是什么？它与"气"有什么关系？为什么在《乾凿度》的同一段话中就有如此深刻的矛盾？《乾凿度》说：

> 太易始著太极成；太极成，乾坤行。老神氏曰，性无生，生复体。天性情，地曲巧，未成大道，各不知其自性。乾坤既行，太极大成。

这段话颇令人费解，但却谈到了"太易"与"太极"的关系。即"太易"应包含"太极"，太极包括"乾坤行"。太易中有太极，只是还没有"著"。如果这样的理解能够成立，那么《乾凿度》第一个图式中的"太易"便也不完全如后人所理解的那样，完全是"从无生有"了，它也应该与"气"有关。故"太易者未见气也"，只是说"气"不可见。这一点，《孝经纬·钩命决》说得明白。《钩命决》说：

天地未分之前，有太易，有太初，有太始，有太素，有太极，是为五运。形象未分，谓之太易；元气始萌，谓之太初；气形之端，谓之太始；形变有质，谓之太素；质形已具，谓之太极。五气渐变，谓之五运。（《鸿书·天文部》3引）

"形象未分，谓之太易"，即"太易者，未见气也"。未见气，不等于没有气，只是气没有分化为形象而已，故《钩命决》把太易、太初、太始、太素、太极称为"五气"。它们表示"气"在各个阶段上的不同状态。因此，在纬书系统中的宇宙形成论，与其同时代的其他类型的宇宙形成论一样，其中心观念仍是气，气是宇宙形成的材料。只是由于汉代经学思潮的影响，使宇宙论系统日趋烦琐，借以显示其神秘性。

纬书系统的宇宙形成论的宗教神学特点不在于它在天地之先虚构四个阶段，也不在于宇宙形成于虚无。而在于它的宇宙形成论的人格化特点。《易纬·乾坤凿度》卷上引《太古文目》说：

《乾凿度》，圣人顺乾道浩大，以天门为名也。乾者天咛也，……乾训健，壮健不息，日行一度；凿者开也，度者路也。圣人凿开天路，显彰化源。

很明显，纬书作者站在宗教神学立场，认为是圣人凿开通向天庭的道路，以沟通人神。因此宇宙的创生也不是自然界自身运化的结果，在纬书看来，宇宙开始于虚无，而虚无又是圣人开启的：

圣人凿开虚无，畎流大道，万汇滋溢，阴阳成数。（《易纬·乾坤凿度》）

是上圣凿破虚无，断气为二，缘物成三。（《易纬·乾坤凿度》）

宇宙的形成，不论分为几个阶段，也不论由什么材料构成，说到底，它是由圣人创造的。若无圣人，宇宙就不能创生。因此，可以说纬书系统的宇宙创生论，其下半截是哲学的，上半截是宗教神学的。它在自然界之外寻找宇宙产生的原因和动力，而且把原因和动力归结为具有神格化的圣人，即纬书宇宙创生论的实质。

三、神含元气论

在中国哲学史上，万物构成问题与宇宙形成问题既有联系又有区别。就宇宙形成说，多指空间与时间的关系，如《淮南子·齐俗训》称："往古来今谓之宙，四方上下谓之宇。"因空间和时间是物质存在的形式，故宇宙形成论，又往往涉及元初的物质构成问题。有的认为是气，有的认为是水，还有的认为是火或其他别的特殊物质。因此，元初物质构成问题即万物构成论的一个方面。这也是中国哲学史上一个争论不休的重大问题。

以气为万物本原的思想，早在先秦已经形成。只是在先秦时代，多称"精气"，而没有"元气"的概念。如《管子·内业》说："凡物之精，比则为生；下生五谷，上为列星；流于天地之间，谓之鬼神；藏于胸中，谓之圣人，是故名气。"这里所谓"精"，即精气，并且认为这种"精气"是世界万物的本原。在汉代以前，道家哲学较多地注意了宇宙本原问题，并以"道""一""气""精气""水"等去描述世界的共同本质，以揭示世界的统一性。而儒家哲学却是较多地关心社会人生，因此在哲学自然观上建树不大。只有荀子及《易传》系统才开始建立哲学形而上学，《易传》提出的"一阴一阳之谓道"及"形而上者谓之道，形而下者谓之器"等命题，即这种建树的尝试，而真正用"元气"来说明世界本原和万物构成者，则是汉代哲学完成的任务。

较早提出"元气"概念的，当属《淮南子》。《淮南子·天文训》说：

> 道始于虚廓，虚廓生宇宙，宇宙生元气，元气有涯垠。

"元气"一词在淮南子中，仅此一见，而且今本《淮南子》"气"前无"元"字，清代学者庄逵吉《淮南子校补》据《太平御览》在"气"前补"元"字。故《淮南子》中"元气"一词实有些勉强。与《淮南子》差不多同时的董仲舒，在其《春秋繁露》中明确提出"元气"概念。如：

> 道，王道也。王者，人之始也。王正则元气和顺，风雨时，景星见，黄龙下。王不正则上变天，贼气并见。(《春秋繁露·王道》)

> 布恩施惠，若元气之流皮毛腠理也。百姓皆得其所，若血气和平，形体无所苦也。(《春秋繁露·天地之行》)

在董仲舒对元气的论述中，他并未自觉地把"元气"作为元初物质来使用。但他作为春秋公羊学家，对《春秋》中的"元"却作了大量的发挥，后来的纬书系统及公羊学家们，便直接把《春秋》之"元"与"气"结合起来，从而形成具有儒学特点的元气说，对后世儒学影响甚大。从这也可看出，

第三章 纬书与汉代哲学

汉代以董仲舒为代表的儒家系统,力图弥补先秦儒家论气之不足,于是大量吸收了儒家以外各派的气论思想,以建立儒学的自然哲学体系,遂使以后的儒家如杨雄、何休、郑玄,一直到王充,都十分重视"气"在自己哲学体系中的位置。这一点,纬书虽以宗教神学的面貌出现,但其中的"气"或"元气"论,却是构成西汉至东汉儒家气论思想的中间环节。

纬书继承和发挥了董仲舒及春秋公羊学对《春秋》之"元"的解释,并且把"元"与"气"联系起来,用"气"解释"元"。如《春秋纬·元命苞》说:"《春秋》以元之深正天之端,以天之端正王者之政"(《公羊隐元年》疏引)。这里的"端"字,有开端、起始之义。"天之端",即天之始。纬书认为天地之始乃以《春秋》之"元"为正。而"元"是什么?纬书说:"元者,端也,气泉"(《公羊隐元年》疏引)。宋均注曰:"元为气之始,如水之有泉,泉流之原,无形以起,有形以分,窥之不见,听之不闻。"纬书用"气"解释《春秋》之"元",目的在于论证王者的地位至高无上,因为王者与天有密切关系,天才发出谴告以爱护人君,此即"以天之端正王者之政"。这正是纬书的天人感应论在万物构成问题上的反映。《春秋·元命苞》说:

黄帝受图,有五始:元者气之始,春者四时之始,王者

受命之始，正月者政教之始，公即位者一国之始。(《谷梁隐元年》疏引)

这实际上是解释《春秋》"王春正月"的含义，其中"元者气之始"，则是对董仲舒"唯圣人能属万物于一而系之元也"的进一步发挥。纬书将《春秋》之"元"解为天地万物的本原，在它看来，"一"即"元"，"元"即"气"，"变一为元，元者气也，无形以起，有形以分，造起天地，天地之始也"(《公羊传·隐公元年》解诂引)。

由此可见，汉代"元气"一词的出现，应归于春秋公羊学家对《春秋》之"元"的解释。前有董仲舒，后有纬书作者，共同完成了先秦哲学的"气"概念向儒家经典的移植。故《春秋·说题辞》"元清气为天，混沌无形体"句下，宋均注曰："言元气之初如此也，混沌未分也。"郑玄注云："言气在易为元，在老为道，义不殊也。"这是说，不仅《春秋》之"元"为气，《周易》系统中的"元"，也是气，这与《老子》书中的"道"，在含义上是相同的。纬书打破了儒道的界限，把道家哲学中的"道"与儒家经典中的"元"用"气"沟通起来，建立起具有综合意义的"元气"论，从而对汉代哲学乃至整个中国哲学发生重大影响。

那么，在纬书中，"元气"是什么？如前所述，《春秋繁露》

第三章 纬书与汉代哲学

《淮南子》及汉代的一些道家著作中,已经有元气思想出现,但在这些著作中,"元气"还不是宇宙构成论的基本概念。在纬书中,"元气"一词既是神学的基本概念,又是自然宇宙构成论的概念。从神学角度说,纬书认为"元气"是神的产物,或者说,"神"比"元气"更根本。如《春秋·文曜钩》说:"中宫大帝,其精北极星,含元出气,流精生一也"(《史记·天官书》索隐引)。又说:"中宫大帝,其北极星下一明者,为太一之光,含元气,以斗布常"(《周礼·大宗伯》疏引)。《春秋·合诚图》说:"天皇大帝,北辰星也,含元秉阳,舒精吐光,居紫宫中,制御四方,冠有五采"(《初学记》26引)。如此等等,说明纬书作为宗教神学体系,其思想的核心在于突出天帝鬼神的地位,因此,"元气"这一概念亦在其神学光环的笼罩之下,成为天神或大帝的附属品,此即纬书的"神含元气"论。

但从宇宙生成论或万物构成论的角度看,纬书又把"元气"看作构成宇宙万物的基本材料。如上文所引:"元清气以为天,混沌无形体"(《文选·七启》注引);《洛书·甄曜度》说:"元气无形,汹汹隆隆,偃者为地,伏者为天"(《清河郡本》引)。这两条材料都可说明,"元气"是构成宇宙的材料或宇宙形成前的状态。纬书在这里所讲的"元气",

仍是没有分化的混沌之气，它自身没有固定的形体，但却有不同的成分，故其清轻者上伏为天，重浊者下偎为地，天地都是由于元气的分化而形成。不仅天地如此，日、月、诸星、金木水火土五行等，均由元气构成。《春秋纬·元命苞》说：

元气阳为天精，精为日，散而分布为大辰。（《太平御览》3引）

阴阳之气，郁积成精，聚而上升，则为星，聚而下凝则为石。（《汉学堂丛书·石怪井泳占》引）

雾，阴阳之气也。阴阳怒而为风，阴阳乱而为雾。雾，阴阳之余气也。（《太平御览》15引）

水者，天地之包幕，五行之始焉。万物之所由生，元气之津液也。牛女为江潮，江湖者，所以开神润化，故其气遄急。（《文选·郭璞江赋》注引）

这些材料都说明，纬书中的"元气"，包含阴阳两个方面，如元气中的阳气是天的精华，此精华之气构成日，其余散开分布而形成星辰。阴气下降凝聚为地、为石，余气为风、为月、为雨、为雹、为霜、为露，等等。元气之津液为水，而水又为五行之始、万物之所由生。总之，纬书的元气论与中国古代以气为元初物质的思想是一致的，其作为万物构成论的理论，对汉代哲学自然观的形成与发展，起到推动作用。因此，

第三章　纬书与汉代哲学

纬书的元气论是汉代哲学从董仲舒天人感应的神学目的论向东汉时期以王充为代表的元气自然论过渡的中间环节。

在纬书中，"元气"是诸气的始祖，其中包括阴阳之气、天地之气、日月之气、四时之气、五行之气、十二月之气等，即把先秦以降的阴阳五行、天文历律、明堂月令等统摄于元气之下。因此元气不仅是构成万物的材料，同时也是圣人制礼作乐、教化流行、合人之情等社会政治、人事活动的标准、绳墨、规范、准则。元气是沟通自然界与人类社会的杠杆和桥梁。如《乐纬》认为，圣人制礼作乐时，必须根据天时气变，使五音相和、五星为度，尽其历数，以时出入，这样才能以观得失之效。故《乐纬》把"元气"归为五大类，统称为"五元"。《乐纬》说：

> 上元者天气也，居中调礼乐，教化流行，总五行之气为一。下元者地气也，为万物始质也，为万物之容范。中元者人气也，其气以定万物，通于四时，象天心，理礼乐，通上下四时之气，和合人之情，以慎天地者也。时元者受气于天，布之于地，以时出入万物者也。风元者，礼乐之本，万物之首，物莫不以风成熟也。……圣人作乐，绳以五元，度以五星，碌贞以道德，弹形以绳墨，贤者进，佞人伏。（《太平御览》565引）

这里所谓"五元"，不仅指"五元之气"，即天气、地气、人气、时气和风气，而且具有了社会人事内容。如"风气"，既指自然之风，又指社会之风，亦即《诗经》的采风之风。而作为"中元之气"的"人气"，既指构成人之生理基础的元气，又指人类所特有的精神。故能"象天心，理礼乐"。这样，纬书的"元气论"便开始演化为沟通自然与社会、人与神的天人合一论或人神合一论的基础。《春秋纬·考异邮》说：

火者阳之精也。人合天气，五行阴阳。极阴反阳，极阳生阴，故应人行以灾，不祥在所以感之。萌应转旋，从逆殊心也。（《艺文类聚》80引）

水者阴之精也，人协地气，四海万方刚极生柔，柔极反刚，故方人以行，以见休咎。（《开元占经》引）

这是说，人生天地间，含水火阴阳之气。而水火阴阳之气，具有相反相成之性。阴阳刚柔互反互生，故人的行为也具有这种性质，即"应人行以灾，不祥在所以感之"。如《春秋纬·说题辞》用阴阳二气的消长解释雨、雪、雾、雹的产生，本来具有相当的合理性。它说："盛阳之气，湿煖为雨，阴气薄而协之，则合而为雹。盛阴之气，凝滞为雪。阳气薄而协之，则散而为霰。"冰雹的产生，是由于湿暖的盛阳之气遇到湿冷的盛阴之气，合而为雹。就自然界的本身变化来说，这种解释基本上是正确的。但纬书系统讲元气论的目的不在于论证自然界本身,而在于通过讲自然物的变化去解释人事,这样便导向了神秘主义的天人感应论。如纬书认为,冰雹既然是由于盛阳之气受盛阴之气的薄协而成,那么,这一原理应用到人事上,则会产生灾咎,即上文所谓的"萌应转旋"。《春秋纬·考异邮》说:

阴气之专精,凝合生雹。雹之为言合也。以妾为妻,大尊重,九女之妃,阙而不御,坐不离前,无由相去之心,同舆参驷,房帷之内,欢欣之乐,专政夫人,施而不博,阴精凝而见成【戒】也。(《汉书·五行志》注引)

自然界的变化,"萌应转旋"于人,则天降冰雹以示宫帷之内后妃专政。反过来说,由于人君昏塞,贪恋女色,专政出于后妃,则"阴气专精凝合为雹",以为警告。《易谶》曰:"凡雹者,过由人君恶闻其过,抑贤不扬,内与邪人通,取财利,蔽贤,施之,并当雨不雨,故反雹下也"(《后汉书·五行志》注引)。到此,纬书中的元气论已由哲学转化为宗教神学。

第四章　纬书与汉代伦理

　　伦理思想是社会意识形态的一种重要形式。随着汉代封建大一统王朝的建立，作为维护这个大一统封建秩序和等级制度有力工具的社会意识形态——汉代伦理思想，也随之得到发展和强化。在整个汉代伦理思想发展过程中，董仲舒神学目的论的伦理观占有主导地位。它以神化孔子的形式，把中国早期儒学的君臣、父子、兄弟、夫妇、朋友等"五伦"思想和仁、义、礼、智、信等道德条目，纳入其阴阳五行和天人合一的思想框架中，提出"三纲""五常""阳尊阴卑"等具有天意和绝对权威性质的伦理道德学说，从而奠定了汉代伦理学说的基础。纬书系统的伦理思想，正是沿着董仲舒的路数，进一步把上述伦理思想引向宗教神秘主义，建立起中国伦理思想史上具有代表性的神学伦理体系。

一、"八卦为体"的道德论

从先秦至汉代,思想家们提出了各式各样的伦理道德学说,以适应当时统治阶级调整人与人的关系的需要。因此,作为探讨人与人、人与社会关系准则的伦理学,往往要寻找一个理论的支撑点,以使道德规范合理化。在先秦,理论家们往往是在伦理思想体系内部寻找这个支撑点,如孔孟以"仁"为其伦理思想的核心;荀子以"礼"作为其伦理思想的出发点;道家的老子、庄子则以"道"或"自然"为其伦理思想的前提。老庄伦理思想虽然已显露出建立道德形上学的企图,但其"道"或"自然",均没有离开作为道德主体的人。因此,其所谓"道"或"自然",在伦理学上,只是强调人的"无为",并由此演化为"不争""守静""贵柔"等道家伦理特征。

汉代伦理思想的大突破,在于董仲舒引出"天"的概念,即在道德主体的人之外,用"天"去规范"人",天的本质决定人的本质,人间的道德准则取决于"天",由此建立起"天人相通"的道德论。

纬书在董仲舒"天人相通"的道德哲学的基础上,全面发展了董氏哲学中的神秘部分,对秦汉以来的道德条目没有任何扩展,而对其存在的根据,却从阴阳五行、天人感应、八卦象数等多方面进行了论证。这种论证的细密甚至超过了董仲舒的水平。其中,"以八卦为体"的道德论,实开儒家道德本体论的先河。《乾凿度》卷上说:

　　人生而应八卦之体,得五气以为五常,仁、义、礼、智、信是也。夫万物始出于震,震,东方之卦也,阳气始生,受形之道也,故东方为仁。成于离,离,南方之卦也,阳得正于上,阴得正于下,尊卑之象定,礼之序也,故南方为礼。入于兑,兑,西方之卦也,阴用事而万物得其宜,义之理也,故西方为义。渐于坎,坎,北方之卦也,阴气形盛,阴阳气含闭,信之类也,故北方为信。夫四方之义,皆统于中央,故乾、坤、艮、巽,位在四维,中央所以绳四方行也,智之决也,故中央为智。故道兴于仁,立于礼,理于义,定于信,成于智。五者道德之分,天人之际也。圣人所以通天意,理人伦,而明至道也。)

　　《乾凿度》的这段长文,反映了纬书系统伦理思想的基本面貌。就其具体内容说,它改变了传统儒学把仁、义、礼、智、信五种道德规范看成人内在的道德属性的说法,认为五常来源于东、南、西、北、中五方之气,此即"得五气以为五常"。其中,"仁"生于东方,是由于东方之卦为震,而震又代表阳气始生,万物始出,生养万物有爱,故东方之气为仁。"礼"生于南方,是由于南方之卦为离,而离又代表阳气当令得位,阳得正于上，阴得正于下，上下有等，尊卑有定，这正体现了"礼"的作用，故南方之气为礼。"义"生于西方，是由于西方之卦为兑，兑代表阴气用事而万物得其宜，宜者义也，故西方之气为义。以此类推，五常之性各得其所，其含义亦各有所出、各有所主，此即"八卦为体"的道德论的基本内容。

这一道德论的框架，虽然多出于牵强附会，但作为一种道德论的基本原理，还是可以反映出一定的思想特点和思维特征。因为从表面看，上述这段文字所包含的思维特点与前章所述京房、孟喜的卦气说没有太大的区别。但孟、京卦气说没有提出"八卦之体"的概念。同时也没有用卦气说系统解释人类道德现象。在孟、京的卦气说中，八卦或六十四卦只起到一种符号编码的作用。而《乾凿度》则明确肯定八卦或六十四卦的排列，是一个有系统的固定结构，这个结构便是"八卦之体"，提出了"体"的概念。在《乾凿度》看来，不仅天地万物、自然气象的变化由这个"八卦之体"的结构决定，而且人类的伦理道德也是由它决定，这就向道德本体论的思维跨进了一步。如《乾凿度》又说：

八卦之气终，则四正四维之分明，生长收藏之道备，阴阳之体定，神明之德通，而万物各以其类成矣。

郑玄在此句下注曰："万物是八卦之象，定其位则不迁其性,不淫其德矣,故各得自成者也。"这是说,包括自然界的万物和社会生活中的道德现象,在"八卦之体"中都有相应的位置,而且这种位置一旦确立,便能恒常存在,"体定""德通"而其类成。因此,作为伦理道德规范的仁、义、礼、智、信五常,便成为不可变易的永恒真理,其内在的根据即"八卦之体"。

纬书系统在确立了伦理道德规范的来源和位置之后,又通过各种形式的比附,把上述规范与自然、社会的各种事物普遍地联系在一起,以进一步论证这些道德规范的合理性和普遍性。故提出"五行含有五常"说、"五神含有五常"说及"五脏含有五常"说等,把仁、义、礼、智、信五种道德规范泛化为宇宙间的普遍法则。如《孝经纬·援神契》说:"五脏象五行,……肝仁,肺义,肾智,心礼,脾信"《太平御览》363引)。这是说,人的生理器官分别具有道德内容,因为有了这些道德内容,人的生理器官才各自具有自己的功能。如:"肝仁故目视,肺义故鼻候,心礼故耳司,肾信故窍泻,脾智故口诲"(《五行大义论·杂配》14引)。

人的五脏为什么具有仁、义、礼、智、信的道德属性?纬书把"八卦为体"的卦气说与五脏、五行、五方等观念结合起来,如《乐纬·动声仪》说:

第四章 纬书与汉代伦理

肝所以仁者何？肝，木之精也。仁者好生，东方者阳者阳也，万物始生，故肝象木，色青而有枝叶。而目为候何？目能出泪，而不能纳物，木亦能出枝叶，不能有所纳也。肺所以义者何？肺者金之精，义者断决，西方亦金，成万物也，故肺象金，色白也。鼻为之候何？鼻出入气，高而有窾，山亦有金石累积，亦有孔穴，出云布雨，以润天下，雨则云消，鼻能出纳气也。心所以为礼何？心，火之精也，南方尊阳在上，卑阴在下，礼有尊卑，故心象火，色赤而锐也，人有道尊，天本在上，故心下锐也。耳为之候何？耳能遍内外，别音语，火照有似于礼，上下分明。肾所以智何？肾者水之精，智者进而止无所疑惑。水亦进而不惑，北方水，故肾色黑，水阴，故肾双。窍为之候何？窍能泻水，亦能流濡。脾所以信何？脾者土之精也，土尚任养万物为之象，生物无所私，信之至也。故脾象土，色黄也。口为之候何？口能啖尝，舌能知味，亦能出音声、吐滋液。（《白虎通·情性》引）

五脏、五行、五气、五色、五方、五官等均用仁、义、礼、智、信五常联系起来，编织成一套自然与社会、生理与伦理完全和谐匹配的道德图式。这种对仁、义、礼、智、信五种道德条目的解释，虽然近于胡说八道和牵强附会，但它所反映出来的思想却是明确的，即强调了人类的道德伦理与人类自身的存在是无法分开的，只要有人类个体的存在，作为其生理一部分的仁、义、礼、智、信就不会消失，从而其道德价值的合理性和永恒性便得到了保证。

既然道德问题与自然、社会，乃至人的生理器官有如此普遍的联系，那么作为人，尤其是作为统治者的君主，就应时时刻刻保持这种道德本性，如有丧失，就要受到来自多方面的警诫，带来多方面的惩罚。这样，纬书又从道德论的角度恢复到"天人合一"和"天人感应"的神学轨道。如《礼纬·稽命征》提出"五灵"感应说即属此类。该篇说："古者以五灵配五方。龙，木也；凤，火也；麟，土也；白虎，金也；神龟，水也。……五者修其母则致其子：水官修龙至，木官修凤至，火官修麟至，土官修白虎至，金官修神龟至。故曰：视明礼修，麒麟来游，思睿信立，白虎驯扰；言从文成，而神龟在沼；听聪知正，而名川出龙；貌恭体仁，凤凰栖桐"（《清河郡本》引）。这里提出了"修其母则致其子"的命题，具有一定的启发意义。"母"，指木、火、土、金、水五行相生的第一个环节。如木生火，则木为母而火为子；水生木，则水为母而木为子。"水官修则龙至"，即水官为母而龙为子。木、火、土、金、水五官又分别代表仁、礼、智、义、信五常。不仅五常如此，三纲与五伦亦如此，均可与五行相配。如《乐·稽命征》说:"君臣之义,生于金;父子之仁,生于木;兄弟之序,生于火,夫妇之别,生于水;朋友之信,生于土"(《太平御览》《白虎通义》引)。这样,在纬书看来,所谓"修其母",即修其五常。人君若能修其仁、义、礼、智、信五常道德,那么,作为符瑞贞祥的"五灵"便会自然出现。反之,则符瑞贞祥不至。如《孝经·钩命决》说:

失仁则龙麟不舞,失礼则鸾凤不翔,失智则黄龙不见,失义则白虎不出,失信则灵龟不见。(《五行大义》卷五写笠《论禽虫》引)

这里,即以五常为母,五灵为子。其抽象意义即以道德为母,而以具体事物为子。这同样具有道德本体论的含义。"八卦为体"与"五常为母",都在宗教神学意义上统一在"神"的范畴中。因此纬书又把仁、义、礼、智、信五常称作"五神"。即"木神则仁,金神则义,火神则礼,水神则信,土神则智"(《诗·泛历枢》,《五行大义》卷14引)。

从以上可以看出,纬书系统的道德论并没有在道德内容上有所发展,而更多的是阐发了儒家原有道德条目的永恒性和绝对性,从而把早期儒家的伦理道德学说引向宗教神学。其中,值得注意的是,纬书系统的道德论,开始提出"体""母"的概念,这些概念虽然笼罩在神学的迷雾中,但对后来儒家道德本体论的建立,无疑具有借鉴作用,对魏晋玄学的"崇本举末","守母存子"等本体论思想亦有一定的启发。

二、"三纲五伦"的尊卑论

在伦理准则方面,从孔、孟开始的早期儒家便十分注意君臣、父子、兄弟、夫妇、朋友的"五伦"关系,并且提出了相应的准则。如孟子说:"父子有亲,君臣有义,夫妇有别,长幼有序,朋友有信"(《孟子·滕文公上》)。这是中国伦理思想史上关于"五伦"思想的最早表述。三纲思想最初并非由儒家提出,而是由法家韩非表述的。韩非从君主专制的政治角度出发,把"臣事君,子事父,妻事夫"作为"天下之常道"(《韩非子·忠孝》)。这里,君臣、父子、夫妇的关系是作为"常道"来解释,还没有上升为"纲"。明确把这种关系归纳为"三纲",是董仲舒的任务。董氏从天地阴阳的关系,推论出人间的等级尊卑关系,他说:"仁义制度之数,尽取之天。天为君而覆露之,地为臣而持载之;阳为夫而生之,阴为妇而助之;春为父而生之,夏为子而养之,秋为死而棺之,冬为痛而丧之。王道之三纲,可求于天"(《春秋繁露·基义》)。董仲舒的"三纲"思想是其伦理体系的核心内容,也是整个汉代伦理思想的基础。

第四章 纬书与汉代伦理

纬书系统作为董仲舒神学目的论和天人感应论的阐发者，在三纲五伦的尊卑关系上，又在董仲舒的基础上迈进了一步，更加明确地概括了君臣、父子、夫妇的关系，乃是不可移易的关系。同时由此衍射到人伦关系的各个方面，尤其强调"礼"与"孝"在伦理中的地位。纬书之后，《白虎通义》的出现，更加强化了董仲舒和纬书的伦理思想，使之构成了一个完备的封建伦理纲常体系，对中国封建社会的发展和社会生活的各个方面，产生了深远的影响。因此，董仲舒的《春秋繁露》—纬书—《白虎通义》这三者，构成汉代具有宗教神学性质的伦理思想，在汉代伦理思想发展史上占有重要地位。

纬书伦理思想的核心内容和首要目标，是确立三纲的神圣地位，而三纲的基础又是严格的封建等级制度，而等级制度的核心又是上下尊卑的差别。纬书的三纲思想即在这几层关系中展开的。纬书给"礼"下的定义是："礼之动摇也，与天地同气，四时合信，阴阳为符，日月为明，上下和洽，则物兽如其性命"（《太平御览》522引）。这是说，"礼"作为封建社会的一种体制，可以约束人们的一举一动，它与天地、四时、阴阳、日月、上下尊卑等自然、社会的一切事物都是相契若符，丝毫不爽，所以如果按"礼"来行动，则能得其性命之常，"王者得礼之制，不伤财，不害民，君臣和集，草木昆虫，各蒙正性"（《开元占经》67引）。"礼"有如此巨大的作用，即在于它与阴阳为符，与星辰合度，是天子代表天意而制定出来的。如《礼·含文嘉》在论证礼的起源时说：

礼有三起：礼理起于太一，礼事起于遂皇，礼名起于黄帝。（《太平御览》522引）

这里所谓"太一"，是指星神。《春秋·元命苞》："道起于一元为贵，故太一为北极天帝位"（《开元占经》67引）。可见，纬书认为，礼的原理、原则是天帝或天神的创造，因此它是不能违背的。在此基础上，纬书提出了三纲五伦的尊卑论。《礼纬·含文嘉》说：

君为臣纲，父为子纲，夫为妻纲。敬诸父兄，六道纪行，诸舅有义，族人有序，昆弟有亲，师长有尊，朋友有旧。（《礼·乐记》疏引）

在《春秋繁露》中，董仲舒只提出"王道之三纲，可求于天"的思想，至于如何为纲，还不如纬书明确。因此，"君为臣纲，父为子纲，夫为妻纲"这几句中国伦理学中经典的话，实乃最早出自纬书。至《白虎通义》始得广泛地发挥。从这一意义上说，纬书的伦理观乃是汉代从董仲舒至《白虎通义》之间的重要环节。

第四章 纬书与汉代伦理

纬书三纲论的要点在于强调封建社会的尊卑等级秩序，因此尊卑观念是纬书伦理思想的核心。《礼纬·稽命征》说："王者君臣父子夫妇，尊卑有别"（《太平御览》873 引）。这是强调三纲的主旨在于分别尊卑上下。因此王者不论制礼作乐或是祭祀，都不能离开尊卑。《礼纬·稽命征》在谈到祫禘祭祀之礼时说：

三年一闰，天气小备，五年再闰，天气大备。故三年一祫，五年一禘。禘之为言谛，谛定昭穆尊卑之义也。禘祭以夏四月，夏者阳气在上，阴气在下，故正尊卑之义也。祫祭以冬十月，冬者五谷成熟，物备礼成，故合聚饮食也。（《后汉书·张纯传》引）

祫、禘本古代天子诸侯宗庙祭祀之礼。按《周礼》本意，此为合高祖以上的神主祭于太祖之庙，以尽王者追远尊先之意。《礼纬》把这种祭祀之礼与阳尊阴卑的观念结合在一起，论证"礼"的尊卑含义。纬书认为，以三纲为主的伦理关系，是永恒不变的。"如有继周而王者，虽百世可知，以前检后，文质相因，法度相改，三而复者正色也，二而复者文质也"（《诗·推度灾》《宋书·礼志》引）。时代虽有不同，但作为"亲亲""尊尊"的文与质却永远相因。《乐纬·稽命征》说：

天道本下，亲亲而质省。地道敬上，尊尊而文烦。故王者始起，先本天道，以治天下，质而亲亲。及其衰敝，其失也亲亲而不尊，故后王起，法地道，以文治天下，文而尊尊。及其衰敝，其失也，尊尊而不亲，故复反之于质也。（《春秋公羊传·桓公十一年》何休注疏引）

"亲亲"与"尊尊"是中国古代伦理关系的重要内容。以血缘关系为基础的等级制度重视亲亲的原则，中国早期的分封、世袭、宗法等体制即亲亲原则的体现，而尊尊则是在亲亲基础上的进一步发展，也是中国古代政治形态由氏族制向奴隶制转化过程中伦理关系的发展。不论亲亲还是尊尊，都是儒家礼制的重要内容。纬书强调"法度相改"，但作为亲亲和尊尊的"文"与"质"却是世代相因的，纬书也正是在这一前提下强调"孝"的作用和意义。

《孝经》一书，虽不足两千字，但在汉代，却与《诗》《书》《易》《礼》《春秋》《论语》并列为七，立七经博士。纬书亦立七纬，尤其表彰《孝经》。因此，汉代以后，《孝经》在儒家群经中占有特殊地位，此与纬书的表彰有密切关系，甚至许多对后世影响甚大的提法，亦直接源于纬书，而非源自《白虎通义》。如"孔子已作《春秋》，又作《孝经》"；"孔子志在《春秋》，行在《孝经》"，等等，均源自纬书。

第四章　纬书与汉代伦理

《孝经纬·钩命决》说：

《孝经》者，篇题就号也，所以表指括意序中，书名出义，见道曰著。一字包十八章，为天地喉衿，道要德本，故挺以题符篇冠就。(《太平御览》610引)

孔子在庶，德无所施，功无所就，志在《春秋》，行在《孝经》。(《公羊传序》疏引)

孔子云，欲观我褒贬诸侯之志，在《春秋》，崇人伦之行，在《孝经》。(《孝经·注疏序引》)

纬书把《孝经》捧为"天地喉衿"，"道要德本"，目的即在于"崇人伦之行"。也就是说，《孝经》在群经中所以重要，是因为《孝经》占据道德要旨和道德本源的地位，一切纲常伦理，就其归宿与源头来说，皆本自《孝经》。纬书重视《孝经》，与汉代强化"家天下"的统治相一致。要维持以"亲亲""尊尊"为基础的封建宗法等级制度，"孝"可以起到最好的纽带作用。因为"孝"的道德观念的产生，就是直接与"亲亲"相联系的。"孝"是"亲亲"的产物，反过来，它又可以维持和加强"亲亲"的宗法关系。这就是汉代强调"以孝治天下"的主要原因。

纬书的"孝道"观直接表现和反映了汉代政治的需要，它不仅把"孝"作为"人伦之大本，穷理之要道"，而且把

"孝"与"元气""神明""日月"等联系起来,以论证"孝"的永恒性和合理性。《孝经纬·援神契》说:

孝悌之至,通于神明,病则致其忧,憔悴消形,求医翼全。(《太平御览》412引)

元气混沌,孝在其中。天子孝,天龙负图,地龟出书,妖孽消灭,景云出游。(《初学记》引)

天序日月星辰,以自光;人序孝悌忠信,以自彰;务于德也。(《清河郡本》引)

纬书把"孝"抬到"天道"的高度,比于日月,通于神明,而且认为"元气"之中也包含孝道,意思无非是说,封建孝道是不可违抗的"天道""人伦",因而人们行孝是天经地义的。因为"孝悌之至,通于神明",所以明王致敬宗庙、祭祀鬼神,都是"至孝"的行为,都可感动天地。反之,则要遭到天的谴告与惩罚。《援神契》说:"天子孝,天龙负图,地龟出书,妖孽消灭,景云出游。庶人孝,则泽林茂,浮珍舒,怪草秀,水出神鱼"(《初学记》17引)。反之,"不孝敬,瘅在喉,寿命凶"(《清河郡本》)。《孝经纬·援神契·左契》说:

孝之渐身也,犹春云之淡淡也,不孝之翳身也,如夏日之炎炎也。能尽孝者,若秋月之清清也,不能尽孝者,方冬风之厉厉也。故孙之孝，属于子；子之孝，属于身；身之孝，属于父；父之孝，属于祖矣。且五世之孝也，天人共钦之。(《清河郡本》引)

人有孝性，天出孝星，孝心感天地，天与之孝行。(《清河郡本》引)

人的孝行是天所给予的，因此生来就具有"孝性"。这种孝性又可感动天地，并与天地共存，即所谓"孝道者，万世之桎镣"(《孝经·钩命决》)。这样，纬书所构筑起来的"八卦为体"的道德论，便具体落实在三纲五伦及孝悌之道等所有封建纲常名教之中。天、神有道德意识，道德又具有天、神的权威，而王者通天人、和阴阳，万善俱于一身。由此纬书便完成了从天到神、从神到人、从人到王的宗教神学的创造，为人间谱写了一曲至德至善然而又是万能的圣王的颂歌。且看这圣王的道德表现：

王德，珍文备象，连表万精，曲饰题类，设术修经，躬仁尚义，祖礼行信，握权任智，顺道行仁，俱在至德。(《孝经·援神契》，《太平御览》76引)

在王者的身上，一切都有了。这是中国内圣外王的真正化身，也是中国政治神话、伦理神话、领袖神话、大官神话的源头活水。

三、"性本情末"的性情论

在汉代伦理思想中，人性论占有重要地位。因为对人的了解，直接关系到地上王权的基本走向和天上神权的重新阐释。不仅汉代如此，整个中国哲学都十分重视人性问题。从孔孟，一直到董仲舒，在人性理论的研究中，首先注重的是人与禽兽的区别，其次是人在宇宙中的位置，再次是人自身的物质构成，以及由此引发的重要问题。尽管中国哲学从其诞生之日起，就对人性、人与周围的环境问题提出各种各样的理解，但始终未能摆脱天人合一的宏观探讨和传统模式。纬书的人性论自然也是如此，它未能跳出传统的臼窠，反而在宗教神学的束缚下，抹煞了天人的区别，致使汉代中期以后对人性问题的探讨几乎走上迷途。

但作为宗教神学特殊形态的纬书，确也对性、情、命三者从神学的立场给以阐发，构成中国人性论史上的一个特殊阶段，从这一意义上说，我们对此亦应给以总结，以便从人性论的角度研究纬书的基本特征和基本结构。

首先是人物的构成及其在宇宙中的地位，纬书基本上继承了传统的说法。《春秋·元命苞》说：

> 人与天地并为三才。天以见象，地以效仪，人以作事，通乎天地，并立为三。其精之清明者为圣人，最浊者为愚夫，

而其首、目、手、足皆相同者。有不同于常者则为禽兽矣。(《清河郡本》引)

这里，纬书同样肯定了人的地位，即与天地并列为三才。并且分别指出了天、地、人三者的不同，特别指出人的特点是"作事"，这种看法仍不失为清醒的看法。在人的来源或构成上，纬书也认为人是由气构成，如："人含天气"(《春秋·考异邮》)、"正气为帝，间气为臣，宫商为姓，秀气为人"(《艺文类聚》11引)等。这里所说的"天气""秀气"，均指物质性的气。正因为人含气而生，所以圣人与愚夫的区别，即禀气的清明与禀气的污浊之别。至于人与禽兽的区别，纬书有时以形分，有时以道德分。以形分者，如前文所称"而其首、目、手、足皆相同者。有不同于常者则为禽兽矣。"这段话很费解，宋均注说："故言人首目手足皆相同者，或缺其指，则与人异，禽兽之类也。"这种从外形上区别人与禽兽的说法，实属少见。以道德分者，如《春秋·元命苞》说："仁者，情志好生爱人，故其为仁以人，其立字，二人为仁"(《太平御览》360引)。《春秋·说题辞》说："人者仁也，以心合也。易曰立人之道曰仁与义"(《开元占经》113引)。这两段材料都是从"仁"字的结构推说人的特点，实际上是说人与禽兽的区别在于人有仁爱的道德。

在确定人在宇宙中的位置及其构成的基础上，纬书也探讨了人的性和情的关系。纬书认为，性与情分别来自阴阳两个方面，它说：

性者生之质，情者阴之数，精内附著生流通也。（《礼记·中庸》疏引）

性者人（当为"生"之误）之质，人所禀受产。情者阴之数，内传著流，通于五脏，故性为本，情为末，性主安静，恬然守常。情则主动，触境而变，动静相交，故间微密也。（《孝经纬·援神契》，《五行大义·论性情第十八》引）

"性者生之质"，即以天生的资质为性，人生下来就禀受的自然资质。就此段材料说，并不含有神秘的意义。其所谓"情"，是指人的情欲，"情者既有知，故有喜怒哀乐好恶"（《孝经纬》）。有喜怒哀乐好恶之情，故能"触境而变"。这里，纬书显然受到董仲舒的影响，用阴阳观念解释性与情的不同，即天有阴阳之施，故人有性情之别。性属阳，情属阴，阳尊而阴卑，故性为本而情为末；情触境而变，性恬然守常，故性主静而情主动。

纬书由阴阳观念导出性情之异，提出"性本情末"和"性静情动"两个性情论的基本命题，构成纬书系统对人性的基本看法。在这两个命题中，我们不难看出，用本末、动静范

第四章 纬书与汉代伦理

畴解释性情,实开性情本体论的先河。从理论思维的角度看,纬书的这种概括,已超过了董仲舒的水平,对后世人性理论的发展有较大影响。基于这种理解,纬书又提出"理"的范畴解释"性",《孝经·援神契》说:

> 性生于阳,以理执;情生于阴,以系念。(《诗·蒸民》疏引)

> 情者魂之使,性者魄之主。情生于阴,以计念,性生于阳,以理契。(《太平御览》886引)

这两段材料是说,性与情的区别,除上述静与动、本与末的区别外,还有"理执""理契"与"系念""计念"的区别。"执",执守、把握;"契",契合。"性以理执""性以理契",是说性要用"理"来契合和把握。而情生于阴,有喜怒哀乐好恶,故常常表现为"系念""计念"。"系念""计念",均是心的作用。这里,纬书用"理"概括"性",用"计念"(心)概括情,因此性与情的关系便是理与心的关系。这一点,对后世心性论的讨论也产生影响。由于"系念""计念"的结果,必产生欲望。或者有欲利,就要去盘算、计念、计较,于是产生恶。所以《孝经·钩命决》说:

> 情生于阴,欲以时念也;性生于阳,以就理也。阳气者仁,阴气者贪,故情有利欲,性有仁也。(《白虎通义·性情篇》引)

"情有利欲性有仁"的命题，实际上来源于董仲舒的"贪仁之气两在于身"的人性二元论思想。但纬书纠正了董仲舒"情亦性"的说法，把情与性严格区别开来，力图避免董仲舒性情合一说所带来的逻辑矛盾。这一点，被后来的《白虎通义》全部吸收。《白虎通·情性》说："性者阳之施，情者阴之化也。人禀阴阳气而生，故内怀五性六情"；"故人生而应八卦之体，得五气以为常，仁、义、礼、智、信是也"；"六情者何谓也？喜、怒、哀、乐、爱、恶谓之情，所以扶成五性"；"性所以五，情所以六者何？人本含六律五行气而生，故内有五脏六腑，此情性所由出入也"，等等，这些说法基本上都是抄自纬书的。

纬书认为人性中包含有五常之性，实际上又回到传统儒学性善论的轨道。《孝经纬》说：

性者生之质也，若木性则仁，金性则义，火性则礼，水性则智，土性则信也。（《礼记·王制》疏引）

在纬书看来，木、金、火、水、土五行即人的"生之质"，这都是构成人性的基本材料，而这些材料本身，又都具有道德属性，因此人一生下来，就必然带有这些道德属性。因此，纬书"人含五常之性"的说法，仍是一种变相的天赋道德论，它以此解释人性与道德规范，客观上开拓了古代人性理论研究的视野,不但被《白虎通义》所全盘吸收,而且也为后来的宋明理学所袭取。

对于"命"的看法,纬书亦继承了前人的见解,但也有自己的发挥,对后世产生了一定的影响,其中包括对《白虎通义》和东汉王充的影响。《孝经·援神契》论命说:

命有三科,有受命以保庆;有遭命以谪暴,有随命以命以督行。(《礼·祭法》疏引)

郑玄注云:"受命谓年寿也,遭命谓行善而遇凶也,随命谓随其善恶而报之。"纬书的这段材料是说,"命"有三种情况:一是"受命(又称"寿命"),指受天之命,享尽天年,老死善终,结束上天给他的生命,故又称"大命""正命""上命"。二是"遭命",指行善却遭遇不幸,或上逢乱君,或下遇灾变,不幸而中道夭折。三是"随命",指随着人的善恶行为而分别得到的命,此命可长可短。《春秋·元命苞》又进一步对"三命"作了解释:

行正不过,得寿命。寿命,正命也,起九九八十一。有随命,随命者,随行为命也。有遭命,遭命者,行正不误,逢世残贼,君上逆乱,辜咎下流,灾谴并发,阴阳散忤,暴气雷至,灭日动地,夭绝人命,沙鹿袭邑是也。(《太平御览》360引)

纬书对"三命"的解释,直接影响到汉代人对"命"的看法。

如后汉经学家赵岐在注解《孟子·尽心章》时便采用了纬书的说法，云："命有三名，行善得善曰受命，行善得恶曰遭命，行恶得恶曰随命"。《白虎通·寿命》说："命有三科以记验，有寿命以保度，有遭命以遇暴，有随命以应行。"这些说法，基本上是抄自纬书。至王充，对"命"的看法愈趋细密，在《论衡》一书中，专有《命禄》《命义》等篇，论述命定论思想。其"命论"虽然建立在元气论的基础上，但毕竟未能摆脱传统命定论的束缚，而且大有发展，如《论衡·命义》即接受了纬书"三命"的说法。所不同之处，只是王充以"气"解"命"，而纬书以人格之天解命。《春秋·元命苞》说：

圣人一其德，智者循其辙，长生久视。不以命制，则愚者悖慢，智者无所施其术。残物逆道，天不杀，故立三命以垂策，所以尊天。一节三者，法三道之术。命者，天之令也，所受于帝。《太平御览》360引）

这样，纬书又明确地把"命"归于天帝的命令，使"命"这一范畴带上了宗教神学色彩，这是纬书之所以为纬书的重要原因。

第五章　纬书与汉代科学

汉代大一统的封建王朝，不仅为中国哲学的发展创造了特定的环境，产生了儒家经学体系和以董仲舒为代表的天人合一的神学形态，而且也为中国自然科学的发展提供了历史的契机，使得中国的自然科学在统一广阔的土地上得到长足发展。夏、商、周三代，即我国奴隶制时期，科学技术的发展水平总的说来不如其他文明古国，但到了由奴隶制向封建制过渡的春秋战国时期却出现了十分明显的飞跃，经过秦汉，总的水平就迅速跃居世界前列，甚至在许多方面，超过了其他民族和国家数百年之久，在世界科学史上产生了重大影响。

汉代科学的发展是和哲学、神学甚至宗教杂糅在一起的，也是与哲学、神学的发展水平相适应的。纬书与科学的关系即是如此，它以宗教神学的形式出现，其中却包含着大量的天文、地理、历法、医学、物候、气象以及生理、心理、药物等多方面的科学知识。因此纬书也是研究中国古代科学的重要资料。

一、纬书与天文学

汉代天文学是汉代科学发展的佼佼者,它把殷周以来零散的材料集中在一起加以研究比较,形成了一套系统的天文知识,从而构成中国古代天文科学的基本框架。但由于天文学是和占星术纠缠在一起的,所以在汉代,天人感应论又给天文科学以重大影响。《汉书·天文志》说:

凡天文在图籍昭昭可知者,经星常宿中外官凡百一十八名,积数七百八十三星,皆有州国官宫物类之象。其伏见早晚,邪正存亡,虚实阔狭,及五星所行,合散犯守,陵历斗食,彗孛飞流,日月薄食,晕适背穴,抱珥虹蜺,迅雷风祅,怪云变气,此皆阴阳之精,其本在地,而上发于天者也。

这段话,实际上是对纬书的最好概括。在汉代,不仅纬书如此,就是专讲天文的张衡,作为一位天文学家,在其著作中也不免天人感应的成分。但大量的天文知识、天文现象,甚至重大的天文发现就存在于这种科学与迷信的纠缠中。纬书中存有大量的天文科学知识和天象观测的记载,其中不乏有重大发现者。

第五章 纬书与汉代科学

首先是关于地动说。在先秦诸子的著作中，如《管子》《庄子》等书，都或多或少地提出天地运动的思想。《管子·侈靡》说："天地不可留，故动。"《庄子·天运》："天其运乎？地其处乎？日月其争于所乎？孰主张是？孰维纲是？孰居无事推而行是？意者其有机缄而不得已邪？意者其运转而不能自止邪？"这些话都涉及地动问题，但都是从哲学的角度，探讨运动变化，而不是从天文学的角度讲天体的运行。在古代天文学史上，真正从天体运行的角度明确地讲地动，应是纬书。纬书说：

天左旋，地右动。（《春秋·元命苞》引）

天左动起于牵牛，地右动起于毕。（《河图括地象》）

《太平御览》卷三十七引《尸子》说："天左舒而起牵牛，地右辟而起毕昴。"《尸子》为伪书，盖成书于汉中期以后，《尸子》所言与《河图括地象》说法一致，这可能是抄自纬书。纬书的这两段材料很宝贵，它不仅明确指出"地"是运动的，而且猜测到地球的自转，即是说，纬书从天地运动的相对性出发，来描述地球的自转。正如有的学者指出的那样："天"是从左向右伸展，起点处是牵牛星；地是从右向左运转，起点是毕宿。这里所谓天地运动的"起点"，乃是以恒星为坐标系统测量的。牵牛即牛宿，在摩羯座；毕宿在金牛座。牵牛每年八九月间黄昏时经过中天，而毕宿在二月黄昏时才经过中天，两组恒星恰好处于相对位置。纬书选择它们为坐标，正是用以说明天和地的运动是遥相对应的。而且，既然以恒星为坐标，就意味着"天"的运转是不包括恒星的。如《尚书·考灵曜》："日道出于列宿之外"；"牵牛之初，冬至之日，日在外衡"。(《孝经·援神契》，《太平御览》28引)；"日月五星，同道过牵牛……皆行其南"(《河图》，《开元占经》5.11引)，等等。这些说法都是指"天"的旋转不包括恒星在内，因此牵牛、毕宿才可成为天地运动的坐标。也就是说，纬书认为恒星无不动，地球向毕、昴方向旋转，因此"天"看来反而向牵牛方向运动。这一看法，揭示了运动的相对性原理(以上可参阅郑文光、席泽宗《中国历史上的宇宙理论》)。

由以上可知，纬书不仅明确地使用了地动的概念，用以描述地球运动，而且指出地球的运动可以依靠观察天象来认识，即"地动则见于天象"(《春秋·运斗枢》，《北堂书钞》150引)。直到现在，这种检验地球自转的方法仍在普遍运用。

纬书对"地"运动的猜测并不是偶然提及，它是建立在对天体运动的总体观察基础上而得出的。这一点可由"地有四游"说得到证明。《河图纬》说：

第五章 纬书与汉代科学

地有四游,冬至地上行北而西三万里,夏至地下行南中行而东三万里,春秋二分是其中矣。(《太平御览》36、《文选》19《励志诗》注引)

"地有四游",是指地球公转过程中自身运动的四种状态,即春分、夏至、秋分、冬至时地球在运行轨道上的四种不同位置。这是为了解释四个节气时太阳视运动的不同高度,即郑玄注所说:"天旁行四表之中,冬南、夏北、春西、秋东,皆薄四表而止,地亦升降于天之中。冬至而下,夏至而上,二至上下,盖极地厚也。"这是说,冬至时,地球偏北,太阳偏南;夏至时地球偏南而太阳偏北。无论春夏秋冬,地球都在运动。因此,"地有四游"说,目的在于强调地球与太阳视运动的关系,在这种关系中,地球公转和地球自身在运动。纬书就此还作了一个形象深刻的比喻:

地常动移而人不知,譬若闭舟而行,不觉舟之运也。(《太平御览》36,《文选》19《励志诗》注引)

地恒动不止,譬人在大舟上,闭牖而坐,舟行而人不知。(《河图纬》,《初学记》引)

这一比喻是纬书地动说的最有力证明。太阳中心说的创立者哥白尼也曾作过类似的比喻。他说:"为什么不承认天穹的周日旋转只是一种视运动,实际上是地球运动的反映呢？正如维尔吉尔的诗中所引艾尼斯的名言:'我们离港向前航行,陆地和城市后退了'。因为船只静静地驶去,实际上是船动,而船里的人都觉得自己是静止的,船外的东西好像都在动。由此可以想象,地球运动时,地球上的人也似乎觉得整个宇宙在转动"(《天体运行论》第二十二页)。哥白尼的这一比喻与纬书的比喻基本上是一致的,其基本观点都是强调地球是运动的。所不同的是,这两个基本相同的比喻,前后竟相差一千六百年之久,此不得不令人惊叹。

纬书中天文学的第二个重要观点是关于月亮的。自古以来,人们对月亮就有了许多认识,其中大部分是神话似的描述。纬书中有关对月亮的记载,也多半是神话的或宗教的。但就在这种宗教神话的描述中,不乏具有天文学价值的天才猜测。《春秋纬·元命苞》说:

月者阴精,为言阙也。中有蟾蜍与兔者,阴阳两君相附托,抑诎合阳,结治其内,炎炬中气,似文耳。……月为阴精,体自无光,藉日照之乃明。(《五行大义》卷4引)

纬书用阴阳二气的相互作用解释月中的影像,认为月亮是由阴气的精粹部分凝聚而成,因此月亮自身并不发光,月亮的光乃是日光所照而折射到地球,人们才看到月体是亮的。纬书的这一说法,虽然出于猜测,但这种猜测也多是在肉眼

第五章 纬书与汉代科学

直观观察下所得到的结果。因此,不能不说这是我国天文学史乃至世界天文学史上的一个重大发现。

纬书中关于天文学知识的第三个重要成果,是关于天体演化或宇宙演化思想。在纬书之前,有《淮南子》《吕氏春秋》等书都提出了宇宙演化的理论,但纬书对此似有总结的性质,它所提出的太初、太始、太素、太极四个概念,使宇宙演化理论更趋系统化和完整化。纬书用上述四个概念,概括宇宙形成和发展的四个阶段,并提出"气之始""形之始""质之始",企图探讨宇宙形成过程中每一阶段所具有的特点,这些都为宇宙演化理论的深化开辟了道路(详见本书第二章)。以后出现的《白虎通义》《灵宪》的宇宙理论基本上都来源于纬书,而且由于《白虎通义》具有钦定的性质,遂使《易纬·乾凿度》的天体演化论成为占统治地位的思想。

如果说《易纬·乾凿度》的宇宙理论是建立在哲学推测的基础上,因此与其说是天文学理论,倒不如说是一种哲学理论,那么关于宇宙结构的思想,则基本上属于天文学范畴。宇宙结构理论是宇宙演化理论的进一步发展,它是建立在天文观察的基础之上,因此比宇宙演化理论更具体。在这个问题上,纬书同样保存了许多宝贵的资料。

汉代的宇宙结构理论主要有三家,即盖天说、浑天说、宣夜说。此三家学说的思想渊源虽然都可以追溯到春秋战国时代，但成为系统的宇宙结构理论，则是在汉代完成的。成书于汉代的《周髀算经》可以说是盖天说的代表，它认为，天是半圆形，大地是拱形，日月星辰附着在半圆形的天上而平转。这一学说虽然比第一次盖天说（先秦时期的天圆地方说）有所进步，但已被越来越多的天文观测的事实所否定，尤其是经过西汉末杨雄提出的难盖天八事，给盖天说以致命打击，于是代盖天说而得到发展的便是浑天说。现在理论界的共同看法，都认为张衡是汉代浑天说的主要代表，并常常引用张衡最著名的一段话来说明浑天说的宇宙结构理论。张衡说"浑天如鸡子，天体圆如弹丸，地如鸡中黄，孤居于内，天大而地小，天表里有水，天之包地，犹壳之裹黄。天地各乘气而立，载水而浮"（《浑天仪图注》，《全后汉文》卷五十五）。实际上，早在张衡之前，纬书已说了类似的话。《春秋纬·元命苞》说：

天如鸡子，天大地小，表里有水，地各承气而立，载水以浮，天如车毂之过。（《说郛》《初学记》等引）

《尚书纬·考灵曜》说：

天如弹丸，围圆三百六十五度四分度之一。（《礼记·月令》疏引）

第五章 纬书与汉代科学

《春秋纬·说题辞》说:

此言天之名义也,天之为体,中包乎地,日月星辰属焉(《尔雅》疏引)。

以上三段材料,都是纬书对浑天说宇宙结构理论的说明,可惜纬书的材料散佚很多,以上材料仅赖于众书的援引才得以保存下来。可见,对于浑天说的具体描述,纬书是早于张衡的。而且张衡在《浑天仪图注》中所发挥的思想,并未超出纬书的水平,而张衡的《灵宪》则在许多方面都是吸收纬书的。

总之,纬书中保存有大量的汉代天文学资料,除上述几则具有代表性的重要观点外,纬书作者还对日食、月食、日冕、彗星、陨石以及日月五星、二十八宿等宇宙天文现象作了具体描述。它虽然以宗教神学的面貌出现,但却是中国古代天文学史上难得的重要文献。

二、纬书与医学

汉代是中国医学理论系统化的时期。作为中国传统科学思想的主要范畴——道、气和阴阳五行说虽然在先秦已经形成,但还没有同各个学科结合而形成具体的科学体系,更没有从原始巫术迷信中完全分离出来。至汉代,经过《淮南子》、董仲舒、纬书系统及王充等阐发的五行说和元气论,使道、气、阴阳五行的理论日趋完备,并逐渐被当时的医学所采纳吸收,于是出现了与巫术、迷信分离的独立的医学理论和医学实践。《黄帝内经》的出现即是实现上述分离的重要标志,它不但是道、气、阴阳五行说与医药、生理、病理相结合的产物,而且是汉代哲学与医学结合的产物。当然,这种结合并不是突然发生的,它也经过了许多过程和中间环节,而纬书中的医学思想即是许许多多中间环节的一个组成部分。因此,在纬书中仍保留有原始宗教与医学混合的痕迹。

纬书中的医学思想主要表现在用"气"和阴阳五行观念解释人的构成及病因病理。这正如《黄帝内经》以"气"为其理论基石一样。在《内经》中,"气"有多种:有天气、地气、风气、寒气、热气、燥气、暑气、温气、火气、营卫气、脏腑之气等。而这些概念在纬书中也基本上都有,在纬书中,气含有两大类:阴气和阳气,"太极具理气之原。两仪交媾而生四象;阴阳位别而定天地。其气清者乃上浮为天;其质浊者乃下凝为地"(《洛书·灵准听》)。阴阳不仅是天地构成的材料,也是人体构成的材料,《乐纬》提出的"五元之气"中的"人气",即指构成人的生理基础的元气。纬书认为,人由阴阳五行之气构成,而阴阳二气又相反相成,因此阴阳二气的平衡遭到破坏，人就要发生灾咎，"人协地气，四海万方，刚极生柔，柔极反刚，故方人以行，以见休咎"(《开元占经》引)。这里的"休咎"，一方面有吉凶之意，别一方面也具有生理上的健康或疾病之意。健康则吉，疾病则凶。

在纬书中，元气、阴阳、五行是三个重要的范畴系统。天地万物包括人体在内均受这三个范畴系统的支配，"人所禀受产，情者阴之数，内传著流通于五脏……动静相交，其间微密"(《孝经·援神契》)。"五脏象五行，四肢法四时，九窍法九分，目法日月，肝仁，肺义，肾智，心礼，胆断，脾信，膀胱决难，袖法星辰，节法日岁，肠法钤"(《太平御览》363引)。在纬书看来，人是天地阴阳的缩影，因此人的构造与天相副，是一个有机的整体，而每一个部分都有自己的机能和作用。纬书即依天人相副的原理，把人纳入元气、阴阳、五行范畴系统中，对人的各种生理器官及其机能作了解释。《春秋·元命苞》说：

肾生筋，脾生骨者，脾土也。土能生木，骨是身之本，如木立于地上，能成屋室，故脾生之。肾生筋者，筋是骨之经络，脉以流注，筋以相连节，并通血气，肾水故生之。肺生革者，肺金也，金能裁断，革亦限断，故肺生之。心生肉者，心火也，肉是身之土地，故心生之。肝生爪发者，肝木

也,爪是骨之余,发是血之余,皆水木之气,故肝生之。(《五行大义》引)

五脏与五行相配,故五脏有五行之功能,亦具有五行之性质。"肝仁,肺义,心礼,肾智,脾信"(《白虎通义》引)。五脏不仅有生理功能,亦有心理功能,并由这种心理功能产生道德规范,这样纬书的医学思想又越出了医学的范畴进入道德范畴。这是古代医学发展道路上不能逾越的阶段。因为人的生理确与心理相联系,但由于不懂得道德是社会的产物,故把心理与道德混为一谈。如《河图纬》即企图从五行与五常的联系中解释五脏的病因。《河图纬》说:

仁慈惠施者,肝之精,悲哀过度则伤肝,肝伤则令目视芒芒。礼操列真,心之精,喜怒激切则伤心,心伤则疾衄吐逆。和厚笃信者,脾之精,纵逸贪嗜则伤脾,脾伤则畜积不化,致否结之疾。义惠刚断,肺之精,患忧愤勃则伤肺,肺伤则致咳逆失音。智辨谋略,肾之精,劳欲愤满则伤肾,肾伤则丧精损命。(《五行大义·配藏府》引)

纬书对五脏病因的解释,在今天看来虽然不尽科学,但在当时的条件下,不失为一种可贵的探讨。这种把五行、五常、五脏广泛联系的方法,实际上是强调人的整体性,其中包括心理因素、道德因素对人身体的影响,这一点一直是中国医学的传统。纬书大量地吸取了古代医学和生理学的内容，对人的内脏器官及经络系统作了广泛的解释，《春秋·元命苞》说：

> 胃者脾之府也，主禀气。胃者谷之委，故脾禀气也。（《太平御览》376引）

> 膀胱者肺之府也，肺者断决，膀胱亦常张有势，故膀胱决难也。（《太平御览》376引）

> 目者肝之使，肝者木之精。鼻者肺之使，肺者金之精。耳者心之候，心者火之精。（《太平御览》366引）

> 小肠大肠心肾之府也，肾水之精，心火之精，为支体主也。（《白虎通义》引）

> 三焦者包络府也，水谷之道路，气之所终始也。（《太也。平御览》370引）

纬书的这些解释与当时的医学理论相适应，在一定程度上揭示了人的体内器官的相互关系及其功能。如脾与胃、肝与胆、肝与目、肺与鼻等互为表里的关系。脾胃主消化，故称"胃者谷之委"；肝主疏泄，开窍于目，故称"目者肝之使"；肺主呼吸，开窍于鼻口，故称"鼻者肺之使"，等等。《河图纬》在揭示五脏与六腑的关系时说：

> 肺合大肠，为传道之府。心合小肠，小肠为受盛之府。

肝合胆，胆为中精之府。脾合胃，胃等五谷之府。肾合膀胱，膀胱为津液之府。三焦孤立，为内渎之府。（《五行大义·配藏府》引）

这里，纬书虽然对一些器官的认识尚属肤浅，有些甚至牵强附会，但其中也确有一些与中医学相符的知识，如肝与胆、脾与胃、肾与膀胱等关系，直至今日的中医学也仍十分强调。在对人体各种器官的认识上，纬书有一个非常独到的见解，这就是对人脑的认识。《春秋·元命苞》说：

头者神所居，上员象天，气之府也。（《太平御览》363引）

脑之为言在也，人精在脑。（《太平御览》375引）

这里所谓"神""精""气"，是中医学传统的说法，其可贵处在于纬书把人脑作为一种存"神"、存"精"的器官。"精"与"神"，指的都是细微的精气，亦指人的精神或思维。《尔雅·释诂》："在，察也"。"脑之为言在也"，意谓脑的功能是省察，即省察或认识事物。这样，"脑之为言在也""人精在脑"的命题，便与"心之官则思"的传统命题相区别，揭示了人的思维器官是脑而不是心，这在医学史上是一个重大的突破。当然，由于这一结论不是建立在解剖学的基础上，故难于说服人们接受，也没有被当时的医学所采纳。一直到近代，由于西方科学的输入，中国医学才接受大脑是思维器官的说法。

纬书除上述一些医学理论外,还对食物、药物等对身体的关系作了描述。这些思想也是非常可贵的。如《河图纬》说:

人食无极碱,使肾气盛,心气衰,令人发狂,喜衄吐血,心神不定。无极辛,使肺气盛,肝气衰,令人懦怯悲愁,目盲发白。无极甘,使脾气盛,肾气衰,使人痴淫泄精,腰背痛,利浓血。无极苦,使心气盛,脾气衰,令人谷不消化,暗声症囤。

(《五行大义》卷3,《配气味》引)

纬书认为,饮食五味对人体健康具有重要作用。五味配五行,五行生五脏,阴阳五行的协调、平衡能使人体协调、平衡,如果平衡遭到破坏,身体就要出毛病。因此,储藏阴精的五脏可以因为五味太过而受到伤害。如过多地吃咸的东西,会使肾气偏盛,从而克伤心脏,使心气衰弱,导致发狂、流鼻血,严重的甚至吐血、心神烦躁不安。如果过多地吃辛辣食物,会使肺气偏盛,克伤肝脏,使肝气衰弱,从而导致惊怯悲愁,视力受到影响,毛发也容易变白。如果无限制地吃甜的东西,即摄取糖分过多,则使脾气偏盛,克伤肾脏,肾气衰弱,会使人的精神痴迷、精疏早泄、腰背疼痛,严重的会大小便便血。不加节制地吃苦味的东西,会使心气偏盛,克伤脾脏,脾气衰弱,会使消化系统出毛病,……等等。纬书的这些议论，从今天医学的眼光看，也是有重要参考价值的。

纬书还保存许多药物偏方，虽然其中常常夹杂着迷信的成分，但也反映纬书对药物的认识。如：

七月七日取赤小豆，男吞一七，女吞二七，令人毕岁无病。七月七日晒暴革裘，无虫。七月七日取乌鸡血和三月三日桃花末，涂面及遍身，三二日肌白如玉。（《河洛纬》《太平御览》31引）

菖蒲益聪，茱萸耐老，郁金十叶为贯，百二十叶，采以煮之为鬯，合芳物酿之以降神。（《诗纬·含神雾》，《说郛》引）

总之，纬书中有丰富的医药学资料，有些在今天看来可能是过时的或是不符合现代科学精神的，但在当时的历史条件下，对于推动人们对医药及人体健康的认识无疑具有重要参考价值，同时也是研究汉代哲学与科学、科学与宗教等领域文化发展的重要历史资料。

三、纬书与地理学

中国古代地理学的发展，在春秋战国时期即已初具规模。成书于战国时代的《山海经》《禹贡》《管子·地员》及阴

第五章　纬书与汉代科学

阳五行家邹衍的"大九州"说都是那一时期的地理学杰作。至汉代，随着大一统国家的建立和疆土的开拓与统一，为地理学的发展创造了有利条件。东汉班固即是在这一基础上著成《汉书·地理志》，使中国古代地理学的发展又进入了一个新的阶段。纬书中的地理学知识是战国末期至东汉班固《地理志》之间的中间环节，其中所保存的地理学方面的资料多为班固所采。纬书的地理学思想虽然有些纯属荒诞不经，但它作为古人对人类生活环境的了解，毕竟在向前迈进，并且是一种大胆的探索与宝贵的尝试，其中包含着一些合理的因素。

首先，纬书继《禹贡》与邹衍的大九州说，又提出"八寅""八纮""八极"的地理概念。《河图纬·括地象》说：

凡天下有九区，别有九州，中国九州名赤县神州，即禹之九州也。上云九州八柱，即大九州也，非《禹贡》赤县小九州也。（《初学记》卷5引）

按照邹衍的说法，中国为赤县神州，赤县神州内又分为九州，《禹贡》所称九州，即赤县神州内的九州，亦名小九州。在九州中，像中国这样的赤县神州共有九个（我们可称它为"中九州"），之外有海环绕，各不相通，这样的九州也有九个，称大九州。大九州之外又有"大瀛海"环绕，其尽头便是天地交界之处，所以中国只居天下八十分之一。在古代交通阻隔的条件下，人们无法超越天然的屏障，亦无法越过高山重洋，去实地考察世界地理的全貌，因此只能靠传说、推论、遐想甚至神话，去描述这个极其广大神秘的世界。在纬书中，它所遐想的世界与邹衍的"大九州"说没有太大差别，只是继续增加其神秘性和荒诞性。它继续描述所谓"九州八柱"的"大九州"说：

> 天有九部八纪，地有九州八柱。东南神州曰晨土，正南印州曰深土，西南戎州曰滔土，正西弇州曰开土，正中冀州曰白土，西北柱州曰肥土，北方玄州曰成土，东北咸州曰隐土，正东阳州曰信土。（《河图括地象》，《后汉书·张衡传》注引）

这里所谓"大九州"，仍未超出中国的范围，而其来源亦多本于《淮南子》。《淮南子·坠形训》："晨土"作"农土"；"正南印州曰深土"作"正南次州曰沃土"；"开土"作"并土"；"白土"作"中土"；"柱州"作"台州"；"北方玄州"作"正北泲州"；"咸州"作"薄州"；"信土"作"申土"。《淮南子》的九州说以"冀州"为中心，而纬书却以昆仑山为中心。《河图括地象》说："昆仑之墟，下洞含右，赤县之州是为中则，东南曰神州，正南曰印州，西南曰戎州……"（《初学记》引）。纬书强调以昆仑为中心，是为了加强其神话效应,故又称:"昆仑者,地之中也。地下有八柱,柱广十万里,有三千六百轴,互相牵制,名山大川,孔穴相通"(《太平御览》36引)。

纬书的"八夤""八纮""八极"说,亦本自《淮南子》。认为在"大九州"之外,还有八个遥远的区域,称为"八夤"(《淮南子》"夤"为"殡"),是按东、西、南、北、东北、西北、东南、西南八个方位确立的区域。在"八夤"之外还有八个更遥远的区域,称"八纮"。也是按上述八个方位确定的区域。在"八夤"之外则是地域的极处,称"八极",即在八个方位上有比"八纮"更遥远的八个极地区域。这些,都与邹衍"大九州"说相类似,是对世界地理疆域的一种主观的猜测。

自古以来,黄河是中华民族繁衍发祥之地,故纬书对黄河有许多详尽的描述。《河图始开图》说:

> 黄河出昆仑东北角刚山东,自北行千里,折西行于蒲山,南流千里至文山,东流千里至秦泽,西流千里至潘泽陵门,东北流千里至华山之阴,东南流千里至下津。然河水九曲,其长九千里,入渤海。(《初学记》6引)

这段材料是对黄河从发源到流向,再到入海的较早描述。在《山海经》《禹贡》《管子·地员》及《淮南子》中均未见。纬书对黄河的描述，从总体上看，基本符合现代地理学对黄河的认识。尤其对黄河"九曲"的特点，对其长度，流经地域的大体方位，以及入海等都与现代的认识相默契。根据现代科学测量，黄河总长为五千四百余公里，而纬书确认为九千华里，其间河道的变更、入海口的变更等不计在内，误差仅不足一千公里，在近两千年前的古代，这种认识也是难得的。黄河流长九千里的说法，一直沿用到近代，对其用现代科学手段准确的测量，也只是近百年来的事。

中国自古以来就是一个幅员辽阔、人口众多的国家，因此不同的地理条件造成自然生态的不同环境，并由此产生各种差别。从《尚书·禹贡》一直到《管子·地员》《淮南子》等地理学论述，都注意到这一重要问题。纬书继承了上述地理学的传统，《易纬·乾凿度》说：土地四极，八方具灵，十野异泽，八荒殊情。高口为山，深谷为陵，低昂异势，莫可序详（《清河郡本》引）。正因为地理条件千差万别，故造成自然、人文及生态的差别。纬书说：

九州殊题，水泉刚柔各异。青徐角羽集，宽舒迟，人声缓，其泉酸以咸。荆扬角徵会，气漂轻，人声急，其泉酸以苦。梁州商徵接，刚勇漂，人声塞，其泉苦以辛。兖豫宫徵合，平静有虑，人声端，其泉甘以苦。雍冀商羽合，端驶烈，人声捷，

第五章 纬书与汉代科学

其泉辛以咸。(《河图纬》,《太平御览》157引)

气随人形,故南方至温,其人大口,象气舒缓也。北方至寒,其人短颈,象气急缩也。东方川谷所经,其人小头兑形,象木小上也。西方高土,日月所入,其人面多毛,象山多草木也。中央四通,雨露所施,其人面大,象土平广也。(《春秋纬·文曜钩》,《五行大义》卷5引)

这是说,由于中国土地广大,九州地理、气候条件不同,其中包括地势的高低、山泽的分布、山川的多少、气候的寒暖、水泉的刚柔等自然条件的差别,从而造成人的生理、性情、音声、容貌、语言等人文的差异。这些问题均属人文地理的范畴,标志汉代地理学研究的深入,反映了早在汉代,中国科学的发展便已注意到水土、气候、环境等外部条件对人类生存的影响,特别是对人的生理、性格、语言、声音的影响。不仅如此,甚至人的健康、疾病也都与地理环境有关。《河图括地象》说:

八方异性,疾疫轻重殊涂。两河之间,其人病在心肾。自河而南,其人病在脾胃。自河而北,其人病在肝心。自河而东,其人病在肺,自河而西,其人病在肝肾。(《清河郡本》引)

尽管纬书把人体的疾病与地区绝对地联系起来,导致一种形而上学的绝对论,但不同的地质、地理条件与人的某些疾病确实有一定的关系，如现代医学的所谓"地方病"，即这种关系的反映。只是纬书所论缺乏根据，但这种环境与疾病相关联的思想有一定的合理因素。

纬书中的地理学思想除上述内容外，它还看到了土壤对植被的影响，特别是继《管子·地员》《禹贡》《淮南子》等著作关于土壤的论述之后，提出土壤之别对农作物的关系，反映了我国古代农业生产的水平。纬书说：

黄白宜种禾，黑坟宜种黍麦，苍赤宜种菽，洿泉宜种稻。（《孝经·援神契》，《周礼·地官》载师疏引）

高而平者为原，平者和，故宜粟。粟助阳扶性，粟之为言续也。（《春秋·说题辞》，《艺文类聚》85引）

稻之为言籍也，稻冬含水，盛其德也，故稻太阴精，含水渐洳，乃能化也。江旁多稻，固其宜。（《春秋·说题辞》，《太平御览》839引）

麦之为言殖也，寝生触冻而不息，精射刺直，故麦含芒，生且立也。（《春秋·说题辞》，《太平御览》838引）

这里，纬书揭示了禾、黍、菽、粟、麦、稻等农作物各有不同的宜生土壤及其与土色、地形、水文等自然地理条件的关系，并涉及对不同农作物特点的认识。这些都是纬书地理学的合理因素。

四、纬书与气象物候等方面的知识

气象、物候知识是人们对自然界的动植物与环境条件的周期变化之间所存在的关系的认识,也是人们在对自然环境的不断接触和观察的实践过程中产生的。中国是一个以农业立国的民族,农业的发达可以一直追溯到殷周以前。由于农业生产的需要,气象、物候等知识很快积累起来,因为早期进行的农业生产,人们主要根据物候的变化预测气象,以便掌握农时。中国古代有丰富的物候学知识,成书于战国至汉初的《夏小正》《礼记·月令》及《吕氏春秋·十二纪》《淮南子·时则训》《逸周书·时训解》等书,是我国古代物候学的代表作。其中尤以《夏小正》为最早,它奠定了古代物候学的基础。

纬书的气象、物候知识是以上述著作为蓝本,吸收了阴阳五行家和《周易》系统的八卦思想,再加上董仲舒的天人感应论等综合而成。因此,纬书的气象知识主要是配合八卦系统,用以说明物候。如:"惊蛰,大壮初九,桃始革"(《易纬·通卦验》,《太平御览》967引)。这是把大壮卦的初九爻作为一种阳的势力,以阳气的上升,配合惊蛰的节气而说明初春桃花先萌的物候。《通卦验》又说:

冬至广莫风至,诛有罪,断大刑。立春条风至,赦小罪,出稽留。春分明庶风至,正封疆,修田畴。立夏清明风至,出币帛,礼诸侯。……八风以时至,则阴阳合,王道成,万物得以育生,王者当顺八风,行八政,当八卦也。(《纬略》引)

纬书的气象说皆如此类。对于天候气象如雨、雪、冰、雹、云、霜、风、露的形成和作用,纬书均以阴阳二气的作用加以解释。《春秋·元命苞》说:

阴阳合而为雨。(《太平御览》10引)

阴阳凝雨为雪。(《李峤杂咏》乾象注引)

阳散阴为霰。(《李峤杂咏》乾象注引)

阴包阳为雹。(《李峤杂咏》乾象注引)

阴阳散而为露。(《太平御览》12引)

阴阳凝而为霜。(《太平御览》卷13引)

阴阳聚而为云。(《太平御览》卷8引)

阴阳怒而为风。(《初学记》1引)

阴阳乱而为雾。(《初学记》1引)

这里,纬书用阴阳二气的运动变化和相互作用解释各种气候的形成,从哲学理论上说,具有许多合理因素。尤其对雷、电形成的解释,为后来的王充所继承吸收。纬书对雷、电的解释别具特色。

《易纬·稽览图》:"阴阳和合,其电耀耀也,其光长

而雷殷殷也。"(《开元占经》102引)

《河图·始开图》:"阴阳相薄为雷。"(《开元占经》102引)

《春秋·元命苞》:"阴阳合而为雷,阴阳激而为电。"(《太平御览》13引)

这种对雷、电的解释,基本与现代科学相默契。"阴阳相薄""阴阳相激",都是说阴阳两种物质力量相互矛盾、相互作用,从而产生巨大的声光。这里尤其可贵的是,把雷和电的发生联系在一起,先有阴阳的撞击("薄""激"),于是发出耀耀的电光,随着便可听到殷殷的雷声。由此再向前跨进一步,便可发现声、光传播速度的不同,但由于时代及认识手段的限制,纬书不可能完成这样的任务。但它却可以给人以深刻的启迪。纬书还详细描述了海市蜃楼的现象,《春秋·感精符》说:

候气之常,以初出时若云非云,若雾非雾,仿佛若可若见。初出森森然在桑榆上,高五六尺者是千五百里外。平视则千里,举目望则五百里,仰瞻中天则百里。内平望桑榆间二千里,登高而望,下属地者三千里。蜃气象楼台,广野之气成宫阙。(《清河郡本》引)

纬书认为,云气乃阴阳所聚,此为"候气"的正常现象。

从不同角度都可看到云气所构成的景物,但实际上却是若云非云,若雾非雾,仿佛可见的一种幻象而已。"蜃气象楼台,广野之气成宫阙",正是现代所谓的"海市蜃楼"。它是因为光线在不同密度的空气里,由于折射而把远处景物显示在地面或空中的奇异幻景,常发生在海边和沙漠地带。纬书当然不可能了解海市蜃楼的形成原理,但其所描述的情景却朴实地表述了这种现象的存在过程,并企图用云气解释它。

关于气象物候,纬书还有许多朴素的描述。如《易纬·稽览图》说:"地有阻险,故风有迟疾。"认识到风速的快慢与地势高低、阻力的大小有关。《春秋·汉含孳》说:"穴藏先知雨;阴曀未集,鱼已噞喁。巢居之鸟,先知风;树木未摇,鸟已翔。"(《文选·张茂先〈情诗〉注》《唐类函》等引)《易纬·通卦验》说:"博劳性好单栖,其飞揱,其声嗅嗅,夏至应阴而鸣,冬至而止。"(《五礼通考》引)《春秋·考异邮》说:"鹤知夜半,鸡应旦明。"(《文选·陆机〈拟古诗〉注》引)等等。纬书的这些记载,从不同角度反映了纬书作者对物候学的认识,这些认识都是在长期观察天气变化与物类关系的实践中产生的,其中存在着一些合理的解释,也具有一定的物候学意义。

第六章　纬书与文学艺术

汉代不仅是经学、哲学的昌明时期，也是文学、艺术的发展时期。在汉代以前的中国文化发展中，文化的各个领域基本上都笼罩在经学与子学的框架中，没有得到独立的地位，即使是距经学较远的科学部类，如天文、地理、医学等，也都与巫术、迷信纠缠在一起。而到了汉代，中国文化的发展得到长足的进步，其突出表现是文化的各个部类开始从整体不分的经学体系中分离出来，逐渐形成自己的独立体系，从而为中国文化的分科发展创造了条件。纬书之缘起，既然与经学密不可分，故其体系亦是一个无所不包的庞杂系统，其中除前面所论及的哲学、伦理、科学等内容外，还涉及文字、训诂及文章、音乐等文学艺术的内容。这些内容都为汉代文化的分科奠定了基础，同时也是汉代文化的各个部类走向独立的重要环节。

一、纬书与文字名号

中国的语言文字堪称世界文化之一绝,尤其是文字,更具有独特的风采,它既是中国文化得以承传、延续的载体,又是中国文化的具体象征。它从产生的那一天起,至今已延续了四千年之久,故中国人对自己文字的研究也具有十分悠久的历史。据现在所知,远在周朝,就有研究中国文字的专门著作。《尔雅》一书,据说就是周公所作,其中虽然掺杂了许多秦汉人的增益,但其原始资料确为早出。对中国文字的研究,春秋战国已开风气。如《左传》对"止戈为武","反正为乏","皿蟲为蛊"等字的解释是最明显的例证。此外,如《周易大传》的《彖传》亦有许多解释,成为中国文字研究中的训诂学的先导。《韩非子·五蠹》的"仓颉之作书也,自环者谓之私,背私谓之公"亦属此类。这些都是文字学最初的雏形。

秦汉时代的大一统,为中国文字的统一开创了新的局面。秦始皇"书同文"的政策,结束了六国文字的杂乱现象,出现了李斯的《仓颉篇》、赵高的《爰历篇》、胡毋敬的《博学篇》等文字学的著作。但由于秦王朝的短祚,文字学的研究至汉代方结出累累硕果。其中许慎的《说文解字》、刘熙的《释名》等著作代表了汉代文字学研究的最高水平。

第六章 纬书与文学艺术

任何科学、理论,其中包括语言、文字的创造发展都不是凭空产生的,它是经过若干正反经验的总结才能最后得出更为合理的结论。汉代文字的研究发展也是如此。纬书中的文字学理论可以作为中国文字发展史上的反面经验来看待。

文字本来是从人类的生活实践中产生的,由于生产生活的需要,由社会逐步约定制作的。但对文字的反思,却可以作出不同的解释,其中包括对文字的宗教崇拜。纬书正是如此,它提出所谓仓颉作书,"天雨粟,鬼夜哭",文字被认为是传达神意的工具。《春秋纬·元命苞》说:

仓帝史皇氏,名颉姓侯冈,龙颜侈哆,四目灵光,实有睿德,生而能书。及受河图绿字,于是穷天地之变化,观奎星圆曲之势,俯察龟文鸟羽,山川指掌,而创文字。天为雨粟,鬼为夜哭,龙乃潜藏。治百一十载,都于阳武,终葬衙之利乡亭。(《绎史·黄帝纪》引)

这一段话是讲文字的起源。纬书未采先秦"结绳纪事"的说法,而直接继承了战国中后期关于仓颉造字的传说,并将其神学化。在汉代以前,仓颉造字的传说只是一种朴素的历史记载,并未将其神化。如《荀子·解蔽》有"好书者众矣,而仓颉独传者一也";《韩非子·五蠹》有"仓颉之作书也;自环者谓之私,背私谓之公";李斯《仓颉篇》有"仓颉作书,以教后诣",等等,均无神话色彩。

汉代是中国文化中宗教神学和神话复兴的时代,因此关于中国文字的起源,也一反战国时代的朴素说法,为文字的起源加进了神话宗教的内容。这一过程始于董仲舒而集大成于纬书。也就是说,在董仲舒及纬书的体系中,名号与文字被重新赋予了天启的宗教意义和表达天意的工具。《春秋繁露·深察名号》说:"名之为言,鸣与命也,号之为言,镐而效也。镐而效天地者为号,鸣而命者为名。名号异声而同本。皆鸣号而达天意者也。"又说:"名则圣人所发天意,不可不深观也。"这是说,名与号及表达名与号的文字都包含着天人关系的微言大义,是圣人用以表达天意的神秘工具。在这一理论指导下,董仲舒对名、号、文字的解释,创立了汉代今文经学的新体例。如:"民者瞑也"(《深察名号》);"士者事也"(《深察名号》);"心止于一中者谓之忠,持二中者谓之患"(《天道无二》)。

纬书系统在对名、号及文字的解释上,完全采用了董仲舒的理论模式,在汉代对名词定义及对文字解释上占有一定地位并对当时及后世产生重要影响。如纬书解释天地二字时说:

天之为言颠也,居高理下,为人经也,群阳精也,合为

第六章 纬书与文学艺术

太一,分为殊名,故立字一大为天。(《春秋纬·说题辞》,《太平御览》卷1、《礼月令》疏等引)

地之为言媲也,承天行其义也。居以下山为位,道之经也。山陵之大非地不制,含功以牧生,故其立字,土力于一者为地。(《春秋纬·说题辞》,《太平御览》36、《北堂书钞》157引)

这种对"天""地"二字的解释,是以其阴阳五行配以象数的原则,把纬书的宗教神学原理推广到文字的结构、含义及其理论意义上,从而为文字符号赋予神学的内容。纬书对文字构造的认识,基本上贯彻了这一方法,它在《春秋纬》中依据这一原则方法,对事物的名号及文字的构造作了广泛的解释。例如:

水之为言演也,阴化淖濡,流施潜行也。故其立字,两人交一,以中出者为水。一者数之始,两人譬男女,言阴阳交物,以一起也。(《太平御览》58引)

木之为言触也,气动跃也。其立字八推十为木。八者阴合,十者阳数。(《太平御览》952引)

火之为言委随也,故其立字,人散二者为火。(《初学记》25引)

土之为言吐也,言子成父道,吐也精气以辅也。阳立于三故成生,其立字十夹一为土。(《太平御览》37引)

日之为言实也，节也，含一开度立节，使物成别，故谓之日，言阳布散合如一，故其立字四合其一者为日，望之度尺，以千里立。（《开元占经》引）

春之为言蠢也，蠢蠢端运也。春之为言生也，当春之气，万物屯生也，故其立字屯下日为春也。（《清河郡本》引）

夏之为言大也，万物当夏而壮也。其象深其质坚也，故其立字百下久为夏也。（《清河郡本》引）

秋之为言愁也，万物至此而愁恐残败也，故其立字禾被火者为秋也。（《清河郡本》引）

冬之为言终也，言万物终成也。水至是而坚冰，故其立字冰在舟中者为冬也。（《清河郡本》引）

刑字从刀从井。井以饮人，人入井争水陷于泉，以刀守之，割其情欲，人畏慎，以全命也。故字从刀从井也。（《一切经音义》卷20、24引）

两口衔土为喜，喜得明心，喜者为意，意天心。（《太平御览》467引）

除文字而外，纬书还对日常生活中人们所熟知的五谷、家禽及人体的各部位等，用神学的文字名号理论加以说明，企图建立起规范化的名辞概念体系。如纬书在《春秋·元命苞》和《春秋·说题辞》中说：

第六章 纬书与文学艺术

地精为马，十二月而生，应阴纪阳以合功，故人驾马，任重致远，以利天下，月度疾，故马善走。（《初学记》29引）

羊者详也，合三为生，以养士也，故羊高三尺。（《太平御览》902引）

鸡之为言佳也，佳而起为人期，莫宝也。鸡为积阳，南方之象，火阳精，物炎上，故阳出鸡鸣以类感也。（《初学记》30、《太平御览》918等引）

粟五变，以阳化生为苗，秀为禾，三变而发谓之粟，四变入白米出甲，五变而蒸饭可食。人以养魄外廪精，助阳扶性含天德，故粟之为言续也。（《秘府略》864引）

稻之为言籍也，稻冬含水，盛其德也。故稻太阴精，含水渐洳，乃能化也。江旁多稻，固其宜。（《太平御览》839、《说郛》等引）

菽者属也，春生秋熟，理通体属也。菽赤黑，阴生阳，大体应节，小变赤，象阳色也。（《太平御览》841引）

麻之为言微也，阴精寝密，女作纤微也。麻生于夏，夏衣物成礼仪，故麻可以为衣。阳成于三，物以化，故麻三变，缕布加也。（《太平御览》995引）

舌之为言达也，阳立于三，故舌在口中者长三寸，象斗玉衡，阴合有四，故舌沦入溢内者长四寸。（《太平御览》

367 引）

胉之为言附著也，如龙蟠虎，伏合附著也。髀之为言踤也，阴二，故人两髀。（《太平御览》369、372 引）

以上是纬书对文字、名号以及概念、名辞定义的解释和规范，这些解释和规范与纬书的基本原理一样，都赋予了阴阳数术的含义。因此，从董仲舒到纬书，今文经学经历了从思想到逻辑的发展历程，如果纬书没有因历代禁毁而散佚不全，今天我们可能会看到一部与《说文解字》《释名》等完全不同的辞典，从中我们可以看到，一种思想或思潮，一旦被统治者采纳并加以推广，它便会以惊人的速度扩展到社会及文化的一切领域。纬书体系的发展即一个典型例证，它以宗教神学的模式和教条化的思想方法代替了从实际出发的科学态度，从而给民族的正常思维造成极大危害。但这只是问题的一个方面。历史唯物论的观点要求我们全面辩证地看问题，纬书的内容便不能一概抹杀。仅就汉代文字学的发展看，以纬书为代表的今文经学的解字方法，今天看来虽然很牵强可笑，但它毕竟是中国文字发展的一个阶段——神学化的阶段。汉代古文经学家所建立的文字学系统，即在批判吸收了今文经学的谬说基础上发展起来的。根据古文经、《史籀篇》《仓颉篇》及"六书"系统，许慎完成了汉代文字学，也是中国文字学里唯一的经典——《说文解字》。虽然许慎著书的主要动机是要澄清今文经学家的谬说,但由于他不可能超越时代和环境,故《说文解字》中也不能免除"一贯三为王""推十合一为士""甲象人头""乙承甲,象人颈"等说字方法。许氏把"会意"放在"形声"之后,已注意到"会意"乃后起的方法,只是他当时找不到更好的古文字材料,故接受了许多迂曲牵强的解释。

理论的作用,可以影响到事实,甚至错误的理论也可以造成文化发展的定势。纬书的解字方法在客观上开拓了"会意"方法的发展,如两男夹一女的"嬲"字,"追来为归""小大为尖""四方木为楞""大长为套"等新的会意字的制造,即是在汉代以后出现的。

二、纬书与汉赋辞章

纬书既为汉代的意识形态,且又自成体系,故其与汉代文学的发展亦有密切关系。纬书历时悠久,内容庞杂深广,其所记又多录古往今来圣贤学者的佚文及奇伟怪丽的事迹,所以纬书自身的文辞极其奥雅。纬书本是以解经为鹄的,但由于其神学立场和方法,使它的解释往往离开儒家经典的原意,从文章文学的角度看,这又为摆脱儒家经文的刻板创造了条件，使其文辞精妙活泼，符采彪炳，足为文章之奥府。故《文心雕龙》专立《正纬》一篇，为纬书确立了在汉代文章、文学中的地位。刘勰说：

> 若乃羲农轩皞之源，山渎钟律之要，白鱼赤乌之符，黄金紫玉之瑞，事丰奇伟，辞富膏腴，无益经典而有助文章。是以后来辞人，采摭英华。（《文心雕龙·正纬》）

这是说，纬书追溯远古，探究伏羲、神农、黄帝、少皞等先王之源迹，描述山、渎、钟、律之要妙，标示白鱼赤乌之祥符，铺陈黄金、紫玉之瑞应，事例丰富奇伟，辞采绚烂多姿，虽然对经典无所补益，但对写文章却极有帮助。因此后来的辞赋家，往往从纬书中择取精华，助其撰文。刘勰从文章、文学的角度，充分肯定了纬书的语言形式，认为其中有精华可取，反对对纬书一概否定，故刘勰又在《正纬》篇末的《赞》中说："荣河温洛，是孕图纬。神宝藏用，理隐文贵，世历二汉，朱紫腾沸。芟夷谲诡，糅其雕蔚。""糅"，唐写本作"采"。这是说，祥光四射的黄河，温暖如春的洛水，在这中华民族发祥的地方，也正是孕育图箓谶纬的所在。纬书作为中国文化的组成部分，在当时往往被当作神物宝器，珍藏备用。纬书义理深奥，其文字尤其可贵。但经过前、后汉两代的蔓衍，真伪杂错，混乱异常。正确的态度是剔除其中谲诡荒诞的成分，而吸收其丰富的文采。这里，刘勰再次肯定了纬书的文学价值。

刘勰对纬书的评价，基本上符合纬书的实际情况。据现在所保存下来的汉赋及六朝诗文，对纬书的文辞、典故多有撷取。如《春秋纬·元命苞》说："月之为言阙也，两设以蟾蜍与兔者，阴阳双居，明阳之制阴，阴之倚阳。"谢希逸《月赋》："引玄兔于帝台。"左太冲《吴都赋》："笼乌兔于日月，穷飞走之栖宿。"《文选》李善注引此纬云："日月两设以蟾蜍与兔者，阴阳双居。"《古诗·十九首》："三五明月满，四五詹兔缺。"《文选》善注引此纬云："月之为言阙也。两说以詹诸与兔。"等等。《月赋》引用《元命苞》"兔"词，加以"引于帝台"的叙述，以描述月亮的仪象，衬托"帝台"的清幽。《吴都赋》则引用"月兔"的辞义，与日乌并列，设为假想的玄虚之境，以描写畋猎所获飞禽走兽之丰，并上穷日月的乌兔，以夸饰空间的辽远深邃。《古诗·十九首》引用纬书"蟾兔"之辞，以代替月亮的幽存，言月之盈缺以叙述其惆怅之时所见夜长之景象。以上皆可说明纬书文辞、典故对后人辞赋创作的影响。

再如纬书中的"元气"说亦多为后人所采。《春秋纬·命历序》说："元气正则天地八卦挚也。"而班固、王文考、杨雄、曹植等均以"元气"一词入诗赋。班固《东都赋》："降烟煴，调元气。"《文选》李善注引"周易曰：天地绸缊，万物化醇"，并引此纬文。王文考《鲁灵光殿赋》："包阴阳之变化，含元气之烟煴。"《文选》李善注曰："烟煴，天地之蒸气也。……《春秋命历序》曰：元气正则天地八卦孳。"杨雄《解嘲》："大者含元气，细者入无间。"曹植《七启》："芒芒元气，谁知其终。"等等。李善注皆引《春秋·命历序》中的"元气"论以溯其语源和辞义。不仅如此，在两汉六朝诗赋中，大量地撷取纬书中的辞句是常见的现象。仅以上述王文考《鲁灵光殿赋》为例，引纬书中的辞句、典故多达十三处，《文选》李善注引纬文以释赋者则更多。班固的《两都赋》引纬书中的辞句典故达二十多处。总之，两汉六朝的辞赋大家对纬书几乎都有袭取。由此可见，纬书确有助文之功。刘勰"理隐文贵""有助文章""后来辞人采摭英华"等说法不为虚谈。

除上述纬书对汉代六朝的辞赋影响外，纬书中亦有许多关于文学理论的论述，构成汉代文艺理论的一部分。中国古代文学艺术一向注重表现人的思想感情，但这种思想感情的内容，又往往和统治阶级的政治思想、道德规范相联系。汉代的文艺理论基本上继承了先秦儒家的传统，多主张"文以

第六章　纬书与文学艺术

载道"或"言志载道"说。从先秦孔子、荀子，再到西汉董仲舒、刘向的"比德说"，都体现了儒家的这种文学理论传统。纬书是沿着董仲舒的天人论的路数发展推衍而成，故其文学理论亦属"比德说"范畴。但不同的是，纬书更强调人与神的关系，其体系的基调与核心乃宗教神学，故其文学理论亦掺杂了神启或天启的内容。如《春秋·说题辞》论诗说：

诗者天文之精，星辰之度，人心之操也。在事为诗，未发为谋，恬憺为心，思虑为志，故诗之为言志也。（《太平御览》609，《北堂书钞》95引）

诗者刻之玉版，藏之金府，天地之心，君德之祖，百福之宗，万物之户也。（《诗·含神雾》，《北堂书钞》102引）

这里所谓"诗者"，一是指《诗经》，一是指诗的文学创作。二者统一在一起，构成纬书对"诗"的基本看法，即认为"诗"是"天文之精""天地之心"的表现。"天文之精""天地之心"都是可以离开人的，因此"诗"在某种意义上说则具有"神启"的性质。表现在人事上，"诗"又是"君德之祖""百福之宗"，它是君主在实现对人间的王权统治时，自身道德修养与福祉的源泉。这样，纬书在对《诗》的看法上，就把天人关系用"诗"的作用扭结在一起，并以阴阳五行观念和天人感应的灾异思想解释《诗》的意义。在纬书看来，阴阳不仅是构成事物的不可缺少的因素，而且也是形成"天文""人文"的主要动因。它在解释十二辰的含义时说：

丑者好也，阳施气，阴受道，阳好阴，阴好阳，罡（刚）刚柔相好，品物厚，制礼作乐，道文明也。（《诗·泛历枢》，《玉烛宝典》12引）

已者已也，阳气已出，阴气已藏，万物出，成文章。

（《诗·泛历枢》，《玉烛宝典》4引）

这是说，"文明""文章"的本源乃肇自阴阳。此与上文"诗者天文之精，星辰之度"的说法相一致，即认为天地万物因禀受了阴阳而成文采，圣人又效法阴阳，制礼作乐，以道文明，以成文章。纬书的这些看法，实际上已逐渐脱离了汉代儒家所强调的以圣人之道作为审美和艺术创作的主要内容的"比德"说，而以阴阳、五行、天地、日月等具有神性的自然物作为"文明""文章"的肇始之源，这在客观上淡化了政教、道德的浓重色彩，为文学、审美和艺术创作摆脱政教道德而独立创造了条件。因此从文学艺术的发展进程来看，神学往往成为被其自身神化了的政治道德的销蚀剂，它可以从反面刺激或唤醒人们对政治道德标准的怀疑和否定。从汉代至六朝的文学审美的发展，即可看到这样一种轨迹，即政教道德——神学化的自然或神学化的政教道德——自然。实

第六章　纬书与文学艺术

现这一进化过程，虽然道家哲学起了主导作用，但也不能忽视纬书系统的作用。刘勰在《文心雕龙·原道篇》中，正是沿着这样的轨迹，提出"人文之源，肇自太极"的说法，把文学和自然界的美看作宇宙本体的显现和自然之道的产物。这种看法的产生，显然是受了纬书的启发。如《文心雕龙·原道篇》说："夫玄黄色杂，方圆体分，日月叠璧，以垂丽天之象；山川焕绮，以铺理地之形；此盖道之文也。……人文之元，肇自太极。幽赞神明，《易》象为先。庖牺画其始，仲尼翼其终；而乾坤两位，独制文言。言之文也，天地之心哉！若乃《河图》孕乎八卦，《洛书》韫乎九畴，玉版金镂之实，丹文绿牒之华，谁其尸之？亦神理而已。"这里，甚至一些辞句都可溯源于纬书。

纬书因属神学系统，故其文辞奇伟，想象亦十分丰富，这些都有助于后世艺术想象理论的发展。纬书自身亦有对"神"的论述，如《乐纬·动声仪》论神说：

> 夫神守于心，游于目，穷于耳，往乎万里而至疾，故不得而不速。从胸臆之中，而彻太极，援引无题，人神皆感，神明之应，音声相和。（《太平御览》1引）

这里所谓"神"，多指人的精神。纬书认为，艺术创造，特别是音乐艺术的创造与感受，与人的精神活动有密切关系。

人的精神活动的特点，在于存想象于胸中，而通过耳目表现出来。因为"神"是瞬间可变的东西，故"往乎万里而至疾"；又因乎"神"之快捷，故能"从胸臆之中而彻太极"。正因为人的精神活动有这样的特点，故其想象可随机而发（"援引无题"）。发而与人神共感。纬书这种对"神"的论述，实开六朝文学艺术领域重"神"之先河。与刘勰同时的梁代萧子显在《南齐书·文学传论》中即提出："属文之道，事出神思，感召无象，变化不穷。"开始用"神思"说明文学创作现象。刘勰则进一步发展了"神思"这一文艺理论范畴，在《文心雕龙》中专有《神思篇》以论"神"的作用。他说："文之思也，其神远矣！故寂然凝虑，思接千载；悄焉动容，视通万里；吟咏之间，吐纳珠玉之声；眉睫之前，卷舒风云之色，其思理之致乎！故思理为妙，神与物游。神居胸臆，而志气统其关键；物沿耳目，而辞令管其枢机。"刘勰的这段论述，与上述纬书对"神"的论述颇有相通、相似之处。

"神"是人的精神活动，是人类艺术创作不可缺少的重要因素。其中包括想象、思索。从事文学创作，"神思"是主客统一的桥梁。当精神与客观事物相接触，亦即刘勰所谓"神与物游"，或纬书《动声仪》所谓"从胸臆之中而彻太极"的时候，也就有了精神活动，有了"思"或"思索"。纬书的文学艺术思想即是如此。《乐纬·动声仪》说：

> 诗人感而后思，思而后积，积而后满，满而后作。言之不足，故嗟叹之；嗟叹之不足，故咏歌之；咏歌之不厌，不知手之舞之，足之蹈之也。（《文选》卷51，《四子讲德论》引传注）

这里纬书阐明了包括诗、歌、舞蹈等艺术的创作过程。神与物感而产生思索、思虑。思索、思虑积累到一定程度，则发而为言，言而成诗。再进一步则又产生读诵、歌唱、舞蹈等艺术形式。在这些不同的艺术内容和艺术形式中，人的精神起着重要作用，因此纬书强调"恬淡为心，思虑为志"（《春秋·说题辞》）。"恬淡为心"，包含了后世审美创作的"虚静"说。

三、纬书与音乐理论

先秦诸家学说中，儒家最为重乐，故有宗庙之祭，八佾舞庭。甚至孔子困于陈蔡之际，仍弦歌不辍。荀子专有《乐论》篇，以论音乐的缘起、意义及其作用。由此可知，音乐理论及音乐的艺术实践，在中国文化发展史上占有重要地位。儒家六经之说，本有《乐经》。但自秦国以后，久绝于世，不得其传。但考究其实，乐之称经，亦是汉代人的说法。音乐理论有无公认的经典，实是一大疑案。但纬书以配经立义，故有《乐纬》以配《乐经》。实际上乃纬书作者发挥先秦以至汉代流行的音乐理论及音乐实践,对音乐所作的系统的说明。这其中反映了纬书对音乐理论的一般看法,从而构成汉代音乐理论的一部分。

秦汉的音乐理论,与中国文化的其他部类一样,是对中国古代"音乐学"的整理、挖掘、完善、奠基的阶段。其代表作有《吕氏春秋》中的《大乐》《侈乐》《适音》《古乐》《音律》《音初》《制乐》诸篇及《礼记》中的《乐记篇》。关于《乐记》的形成时间及其作者,虽然学术界有很大争论,但从汉代学术发展的全局看,其成书不会早于汉初。上述著作推动了汉代音乐实践和音乐理论的发展。其中所包含的阴阳五行的音乐理论被纬书所继承并发挥。《诗·泛历枢》说:

乐者非谓金石之声,管弦之鸣,谓阴阳和顺也。(《初学记》15引)

纬书的"阴阳和顺",应包含自然、社会、人事三个方面的和谐完满,其中特别指天与人的和谐。此亦纬书系统的阴阳五行说与天人感应论在音乐领域的应用推广。故其"阴阳和顺"又指"乐与政通"。因为中国传统的音乐理论,包括《荀子·乐论》《礼记·乐记》及《吕氏春秋》论乐诸篇,都表现了以政治教化为中心的音乐美学思想。这一思想至汉

第六章 纬书与文学艺术

代,经过今文经学的扬播则更趋细密。纬书即认为,"金石之声""管弦之鸣"并不是音乐的主旨与目的,音乐的本质与目的乃在于"阴阳和顺"与"政通人和"。故《乐纬·叶图征》说:

圣人作乐,不以娱乐。以观得失之节,故不取备于一人,必须八能之士,或调阴阳,或调五行,或调盛衰,或调律历,或调五音。与天地神明合德者,则七始八终,各得其宜也。(《太平御览》565引)

郑玄注曰:"七始谓四方天地人也。""八气",即八卦之气。这是说,圣人作乐的目的,不是为了人的娱乐,而是从观察政治得失出发,调和阴阳五行,协合律历五音,以与天地神明相符,从而使天地四方及人与人的关系趋于和谐。在纬书看来,音乐的各个部分,其中包括各种乐器所奏出的各种音乐都有各自的功用和效应,"故撞钟者当知钟,击鼓者当知鼓,吹管者当知管,吹竽者当知竽,击磬者当知磬,鼓琴者当知琴"(《乐纬·叶图征》,《后汉书·礼仪志》注引)。其所知,不仅在知乐理,而主要在于了解钟、鼓、磬、管、竽、琴等乐器所奏出的音乐所代表或反映的事物,即"撞钟者以知法度,鼓琴者以知四海,击磬者以知民事"(《乐纬·叶图征》,《后汉书·礼仪志》注引)。音乐与政治、人事、民情相关联,因此纬书主张"圣人作乐,不可以自娱"(《乐纬·叶图征》,《后汉书·礼仪志》注引)。这反映了纬书对儒学以政治教化为中心的美学思想传统的继承。但纬书又不是完全恢复到先秦的儒学传统,它是以汉代今文经学的立场,强调音声与音律的相应,从而建立阴阳五行和谐的音乐理论框架,为汉代大一统的君臣之道服务。它说:

钟音调则君道得,君道得则黄钟蕤宾之律应。君道不得,则钟音不调,钟音不调,则黄钟蕤宾之律不应。鼓音调则臣道得,臣道得则大簇之律应。管音调则律历正,律历正则夷则之律应。磬音调则民道得,民道得则林钟之律应。竽音调则法度得,法度得则无射之律应。琴音调则四海合岁气,百川以合德,鬼神之道行,祭祀之道得,如此则姑洗之律应。五乐皆得,则应钟之律应。天地以和气至,则和气应,和气不至则天地和气不应。(《后汉书·礼仪志》注引)

这里,纬书把君道、臣道、民道、鬼神之道、律历等五事与五乐八气联系起来,以论证音乐的功能、作用及其与天地、鬼神、人臣、君主、百姓等相互感应的关系。在纬书的这一理论框架中,音乐被赋予了神圣的性质,只要五乐调理得当,不仅人间万事可以和谐,就连天地鬼神也可被感动,岁气百川四海自然皆可与之合德。反之,如果五乐不调,与

第六章　纬书与文学艺术

之相应的人事就会发生混乱,甚至自然界也会出现反常。如管乐之音主律历,管音不调则律历不正,"律历不正,则荧惑出入无常,占为大凶"(《开元占经》30引)。因此在纬书看来,音乐是君主治国为政的工具,而不是供人娱乐的享受品,同时它又不是一个人所能完成,即使是圣人君主,也不能"取备于一人",而必须是选取"八能之士",各主其器,相互配合,方能创造出和谐动听的音乐,以完成模拟天文、地理、人事、鬼神的大乐。因此,音乐又是国家的盛典,不是可以随时摆弄的小技,"八能之士,常以日冬至成天文,日夏至成地理。作阴乐以成天文,作阳乐以成地理"(《通考》138引)。

纬书所以强调音乐有治国之大用,在于它认识到音乐可以感动人心。《乐纬·动声仪》说:"孔子曰,箫韶者舜之遗音也,温润以和,似南风之至,其为音如寒暑风雨之动物,如物之动人,雷动兽合。风雨动鱼龙,仁义动君子,财色动小人,是以圣人务其本。"(《太平御览》81引)对这段话郑玄注说:"言乐之动人也深,故举见事以为谕。"纬书所谓"务其本",即指"乐"能感动人心而言,此即《礼记·乐记》所说"其本在人心之感于物也"。因"乐"能感人,故能起到"移风易俗"的作用。纬书对"风""俗"有独到看法。它说:"风气者,礼乐之使,万物之首也。物靡不以风成熟也,风顺则岁美,风暴则岁恶。"(《乐纬·动声仪》,《太平御览》9引)这里所谓"风气",一是指自然之风气;一是指社会之风气。自然之风气可以使庄稼生长成熟;社会之风气同样可以影响社会的发展。风气正则社会稳定,风气不正则社会道德低下。"风顺则岁美,风暴则岁恶",既适应自然,也适应社会。对于"俗",纬书说:"所谓声俗者,若楚声高,齐声下;所谓事俗者,若齐俗奢,陈俗利巫也。"(《文选·笙赋》李善注引)

纬书认为,风俗对社会的影响很大,而在社会发展的各个阶段,可能出现各种不同的风俗习惯,因此用礼乐教化来改变不良的风俗习惯,则是圣人的任务。纬书认识到事物在发展过程中的可变性,其中包括风俗及改变风俗的音乐都是变化着的,《乐纬》说:

圣王知物盛极则衰,暑极则寒,乐极则哀,是以日中则昃,月盈则蚀,天地盈虚,与时消息。制礼作乐者,所以改世俗,致祥风,和雨露,为万姓获福于皇天者也。圣人作乐,绳以五元,度以五星,碌贞以道德,弹形以绳墨,贤者进,佞人伏。(《玉函山房辑佚书》,《太平御览》565引)

郑玄注:"绳,正也。碌,靡也。贞,正也。弹,割也。""五

第六章 纬书与文学艺术

元",即天、地、人、时、风五元之气。纬书认为,圣人作乐以移风易俗,必以"五元之气"、"五星之度"、道德、法制为基础,这样音乐就具有了道德与法制的作用。纬书的这种观点,实际上抹煞了音乐的艺术作用,企图以统治者的政治道德标准和政治利益取代艺术标准,从而使其本来就具有神秘感的音乐理论,走向教条与僵化,并通过牵强附会的联系,使其理论失去实际根据而成为一种主观瞑想。如《乐纬·动声仪》说:

宫为君,君者当宽大容众,故其声宏以舒,其和清以清以柔,动脾也。商为臣,臣者当以发明君之号令,其声散以明,其和温以断,动肺也。角为民,民者当约俭不奢僭差,故其声防以约,其和清以静,动肝也。徵为事,事者君子之功,既当急就之,其事当久流亡,故其声贬以疾,其和平以宫,动心也。羽为物,物者不有委聚,故其声散以虚,其和断以散,动肾也。(《礼记·乐记》疏引)

乐纬的这段话,是对《乐记》"五声殊用"的发挥,不同的是,纬书以五声配五行、五脏、五事,用以说明五声的不同功用。宫声属土,土居中央,像君之总统四方,故其声宏亮舒缓,与其他四声配合亦清明柔和,故能感动脾脏,因为脾亦属土,同类相召。其余商、角、徵、羽四声皆有所属,亦皆有其功用。纬书的这种说法，当然是一种毫无根据的牵强附会，其目的在于突出象征君主的宫声在五声中的主导作用。认为五声与五行一样相生相魁，故应谨慎地对待音乐。又因五声相生，所以应达到相和的目的，否则将发生混乱。故《动声仪》又说："宫唱而商和，是谓善，太平之乐。角从宫，是谓哀，衰国之乐。羽从宫，往而不返，是谓悲，亡国之乐也。音相生者和。"（《礼记·乐记》疏引）郑玄注云：太平之乐，反映了"君臣相和"；衰国之乐，"象人自怨诉，悲伤于财竭"；音相生者和，是说"弹羽角应，弹宫徵应，是其和乐，以此言之相生应，即为和，不以相生应，则为乱"。

纬书中的音乐理论从保存下来的材料看并没有超出《礼记·乐记》和《吕氏春秋》的水平，而更多的则是受上述二者的启发，加以阴阳五行和天人感应的解释，使汉代中后期音乐理论的发展受到影响。但由于纬书是在儒家六经之外，别立体系，故有《乐纬》专讲音乐，可惜由于历朝对纬书的禁断，使其全貌受到破坏。故以上仅为纬书论乐的一般情况，其他还有对地方音乐特点的描述、对古史音乐的记载等都是宝贵的材料。

第七章　纬书与汉代神话

　　神话是人类文化发展中的一种必然现象。最初的神祇是由于人们对自然的崇拜、惊惧、感恩、期望等心理因素，从而将自然人格化造成的。这是由于生产力发展水平的限制及人类认识能力不发达的结果。但是，由于人类起源、环境及其经历的相似性，故各民族的神祇谱系与神话传说内容又有许多基本相似的东西。比如，几乎所有的古老民族的神祇中，都有太阳神、月神、天神、地神、海神、河神、火神、水神、山神、风神、雨神、雷神等。尽管名称不同，但都有大体相同的职司和神功。造成这种相似的原因，一方面是由于认识主体与认识对象的相似，由此造成相似的需要与情感。不论东方民族还是西方民族，尽管肤色、面孔不同，但人脑的构造基本相同；不论东方国家还是西方国家，尽管山川河海等自然风貌不尽相同，但都是人类所居住的地球的一部分，故其山川河海的基本特征又无太大的本质差别。以相同的思维器官去认识大体相同的自然环境，是产生相对的需要和感情的自然生理原因。另一方面，更重要的是，各民族通过征服自然所获得的发展，也经历了类似的过程。这是不同民族在其发展的相对应时期，思维能力表现出相似性的经济的与社会的原因。当然，不同民族的神祇和神话又包含着各自特殊的内容，特别是由于神话形成的不同历史时期和社会需要的不同，给不同时期的神话注入了不同的特征。当代神话学已证明，神话与诸多因素有着密切的关系，如："神话与仪式、神话与巫术、神话与古代制度、神话与盛行的宗教信仰之间的关系，以及神话与自然现象、地理名称、历史事件与人性的关系。"（戴维·利明，埃德温·贝尔德：《神话学》，上海人民出版社一九九〇年版）等等。在各民族的神话中，都可以找到充分的证据证明这些关系。

纬书的神话系统及其内容即体现了上述的各种关系，它是在中国封建社会走向正轨并逐步繁荣的时代出现的，因此，它虽然继承了我国远古时代的神话内容，但却失去了远古神话的淳朴特点，明显地带有文明时代的神话特征。

第七章 纬书与汉代神话

一、创世神话

任何古老的神话中，几乎都有关于创世的神话。这是因为人类生长于自然的怀抱中，自然也就成为人类的第一个认识对象。离开自然，人便无法生存。所以人便需要认识自然。人生活在自然中，需要了解天是什么，地是什么，万物是什么，它们是怎样产生的，它们为什么有如此不可思议的必然性，等等。当人们的认识水平还不足以达到对自然的理性认识时，便往往用想象去完成这一需要，于是出现了在共同表象水平上对诸如上述问题的回答。即对客观自然界及其秩序的来源、成因的猜测性说明和拟人化的解释，于是也就产生了原始的创世神话。创世神话既包括宇宙进化的神话，即关于宇宙进化过程中天地日月等主要神祇产生过程的神话；也包括起源神话，即关于一切具体事物，其中包括人类在内的产生、功能及神圣起源的神话。

中国古代创世神话不够系统，往往散见于先秦诸子及儒家的经书中。如《庄子》《尚书》《楚辞》等先秦典籍都零星记载着开辟混沌的创世行为，但均缺乏系统的故事结构。在《山海经》中，有无形体、无声音的帝神，它比"徇于四海"的"英招""天神""鹑鸟""陆吾"等神都强大，是至上神，其他的神都为他服务。"帝神"显然是《山海经》神话系统中的最高的神。在该书的《大荒西经》《大荒北经》及《海外北经》诸篇中都谈到日月、昼夜、四季的产生。《大荒南经》有一段神话说：在东海海外，甘水流经的地区，有羲和国，有一个女子名叫羲和，正在甘渊里替她的太阳儿子洗澡。羲和是帝俊的妻子，生了十个太阳。《大荒西经》又说，帝俊的妻子名叫常羲，她在水里为月亮洗澡，她一共生了十二个月亮。郭璞注说："与羲和浴日同。"常羲即羲和。按此说，日、月乃帝俊妻羲和所生，故日月之父的帝俊乃宇宙之最高神祇，类似于希腊神话中的宙斯。这两段材料凑在一起，可以说是一则简单的创世神话。《山海经》中还有一段神话说："钟山的山神名叫烛阴，它神通广大：睁开眼睛便是白天，闭上眼睛就成黑夜，一吹气便是严冬，一呼气又变成盛夏。它不吃、不喝、不呼吸，一呼吸就成为风。它的身子有一千里长。在无启国的东边。它的形状，是人的脸，蛇的身子，浑身红色，居住在钟山脚下。"（《海外北经》）在《大荒北经》中有同样一段神话，"西北海之外，赤水之北，有章尾山（钟山）。有神，人面蛇神而赤，直目正乘，其瞑乃晦，其视乃明，不食不寝不息，风雨是谒。是烛九阴，是谓烛龙（烛阴）"。可见，烛阴或烛龙是化生宇宙，创造昼夜、四季和风雨的宇宙之神。此亦属创世神话。

第七章　纬书与汉代神话

此外，《山海经》《楚辞·天问》及《淮南子》等书中关于女娲"抟黄土作人""化万物""补苍天"等故事，都含有创世神话的内容和形式。但与西方创世神话相比较，上述神话均缺乏系统性和连贯性。纬书的创世神话同样具有此种性质，这是因为中国古人对于山河大地、天地万物成因的系统思考，最初不是以神话的形式，而是以哲学的形式出现的。这既是中国文化早熟的表现，又是中国古代农业文明发达的标志。也就是说，中国自发明文字以来，长期的农业文明的发展，促使古人在思维形式上几乎超越了神话阶段，他们虽然零星地追叙了远古时期口头流传的原始神话，但更多的却是关心哲学的问题，或直接把原始神话改造成哲学的语言和历史的语言。春秋战国时期哲学的发展，特别是道家哲学的出现，则加速了这一改造过程，以致影响了神话的发展。《老子》及《易传》系统的宇宙本体论是先秦时期哲学发展压过神话发展的具体表现。"道生一，一生二，二生三，三生万物"（《老子·42章》）；"易有太极，是生两仪。两仪生四象，四象生八卦，八卦定吉凶，吉凶生大业"（《易·系辞传》）。这是对宇宙生成过程的哲学表述。这里，"道"与"太极"都是宇宙的始基，同时也是化生天地万物的最初原因。

纬书的创世神话即在中国远古神话和先秦哲学宇宙生成论基础上产生的，因此纬书的创世神话既具有哲学的性质，又具有神话的性质。其哲学的方面，已在"纬书与哲学"一章分述，现仅就其神话意义作些说明。《易纬·乾凿度》说：

黄帝曰：太古百皇辟基文籀，遽理微萌，始有熊氏知生化，柢晤兹天心，念虞思慷，虑万源无成。既然物出，始俾太易者也。太易始著，太极成；太极成，乾坤行。

这是说，天地未开辟之前，先有"百皇"出世，开辟宇宙，拓破鸿蒙。又有有熊氏造化万源，创生万物。这里，"百皇"为创造天地万物的造物主。"百皇"即"柏皇氏"，"有熊氏"即"庖羲氏"，亦名仓牙氏。从哲学角度看，"太易""太极"乃象数学语言，但纬书认为，先有人格化的"百皇"或"有熊氏"，宇宙天地始生，万物始成，即百皇开辟宇宙，有熊氏建立天地。此即创世神话的模式。《易纬》解释"乾凿度"和"坤凿度"时，更具有创世神话的性质。《乾凿度》说：

乾凿度，圣人颐。乾道浩大，以天门为名也。乾者天也，川也，先也。……凿者开也，圣人开作。度者度路，又道。圣人凿开天路，显彰化源。大天氏云：一天之物目天，一块之物目地，一气之霿名混沌，一气分万霿。是上圣凿破虚无，断气为二，缘物成三，天地之道不澀。

第七章 纬书与汉代神话

"颐",养。"霜"同蔀,遮蔽。"霈",雨。"瀺",郑玄注:"灌者,息绝。"这是说,所谓"乾凿度",是指圣人凿开天路,使宇宙万物的生化之源明白地显现,从而使天地之道沟通不绝。这一段材料,同样有两套语言或两种思维模式:一是哲学的,一是神话的。就其神话形式说,其所谓"圣人"即前面所说的"百皇"。圣人或百皇凿开通往天庭的道路,使"天地之道不瀺",即沟通天地之间的关系。在这则神话中,有三点值得注意:一是说,天地本是一团混沌未分的气,此象征原始神混沌的形象。创世的圣人"断气为二","缘物成三",方创造出天地万物,并开辟了天地之间的道路。二是宇宙分隔层次,有"天门"为中介,通过浩渺的通天大道,就能抵达"天门",而使人成为神。"天门"即神话中的"天梯",具有人神中介的功能。第三点值得注意的是,"天地之道不瀺"。此正与《尚书·吕刑》及《国语·楚语》中所谓上帝令重神与黎神"绝地天通"的神话形式相反,强调圣人或神沟通天地之道,而不是断绝天地之道。这反映了纬书神话与原始神话的一致性。

《易纬·坤凿度》说:

坤凿度者,太古变乾之后,次凿坤度。圣人法象知元气隤委,固甲作捍貌,孕灵坤俚(原注古地字),圣人断元,偶然成地。

郑玄注曰:"隤者浊,委隤而不能止也。"又曰:"圣者有巢氏之先,不知何氏。"据前引《乾凿度》文,圣人当指"百皇"或"有熊庖羲",但据下文,又指黄帝、女娲、大央氏、百庭氏、大元氏等。下文说:"天有太极,地有太素。黄帝曰:天地宜尽阔,地道距水澈,女娲断定足,其颓一址,坤母运轴,而后大央氏,百庭氏,大元氏,立坤元,成万物,度推其理,释译坤性,生育百灵,效法之道也。"这里的"坤母",即女娲。郑玄注引《地母经》载:女娲姓风名娲,"居西华黑水","炼五色石以补苍天,断鳌足以立四极"(《淮南子·览冥训》),号曰女皇氏。综合《乾凿度》与《坤凿度》的说法,纬书认为百皇、有熊氏庖羲在以元气造天之后,又以下浊之气造地,此后有女娲炼石补天,大央氏、百庭氏、大元氏,"立坤元,成万物",即根据坤道性情生育百灵,成就万物。这些都是纬书的创世神话内容。

纬书的创世神话与宇宙生成论的哲学思维纠缠在一起,故在神话语言形式中又包含着哲学语言。如《乾凿度》在描述"百皇"创生宇宙过程中,又说:"易无形埒也。易变而为一,一变而为七,七变而为九。九者气变之究也,乃复归而为一。一者形变之始,清轻者上为天,浊重者下为地。"

第七章　纬书与汉代神话

这种用象数语言对宇宙生成过程的描述，大大冲淡了神话的纯朴性和神话的生动性，与古希腊神话比较，产生了巨大差别。公元前八世纪赫尔俄德写的《神谱》，记述了希腊神话的创世说：

> 最先创造出来的是混沌，
> 以后是胸怀宽广的大地，
> 不可动摇的，
> 永远不朽的，
> 诸神住在白雪皑皑的奥林匹斯山顶上，
> 而朦胧的冥间牢狱，
> 则位于广阔无垠的大地之中，
> 爱神厄洛斯，
> 是不朽神祇中最可爱的。
>
> ……

在古希腊神话中，天、地、万物都有相应的人格神祇，其产生过程须是相应的人格神的生育谱系。同时，从最高天神宙斯，到每个具体的神，都有清楚的出身来历，有明确的职司，并有鲜明的个性特征，与凡人有密切的交往关系。总之，那里的神祇，更具有"人味"，更纯朴、自然、清晰，凡是人身上的弱点，神也都具有。这是由于古希腊神话，是史前社会原始神话，它是史前人类的原始思维的产物。将纬书神话与《圣经·创世纪》比较，也可以得出上述结论。《旧约》的写作年代和作者尽管很难确定，但学者们总是把它看作公元前八世纪的犹太人的作品。《旧约》记载：

起初上帝创造天地。

地是空虚的混沌，渊而黑暗。

上帝的灵运行在水面上。

上帝说，要有光，就有了光。

上帝看到光是好的，就把光暗分开了。

上帝称光为昼，称暗为夜。

有晚上有早晨，这是头一日。

上帝在六天内完成了天地日月自然万物的创造。

……

在创世纪神话中，上帝像人一样，有喜欢、快乐的情绪，有意愿和向往，正如费尔巴哈关于上帝是人的本质的抽象理论所说的，"神"并非面孔冷漠的形象，而更像创造它的那个时代的"人"。纬书的创世神话，由于产生于文明社会，是在人们已经懂得哲学思维之后，为了某种政治目的创造出来的，因此它失去了原始神话的质朴。它所创造的神祇，也就更加"神"化，更少"人"性。即或像"人"，也不是一般的人,而是"君王""圣人"的形象。因为它们本来是照着"君王"的样子塑造出来并为君王所用的。因此,纬书神话与古希腊神话及《圣经》创世神话有很大的不同。

二、历史人文神话

纬书神话的另一个重要特点,是其"人文"性。这主要表现在它对人类文化的关切。也可以说,纬书神话的重心,主要在于讲述了开天辟地以后,在人类生活的不同阶段创造了人类文明和文化业绩的圣王故事及圣王世系。这实际上是神话的历史化或人文化。

在《易纬》中开列的圣王世系有百皇、有熊(庖羲氏)、女娲、大央氏、百庭氏、大元氏、息孙氏、天老氏、混沌氏、天英氏、无怀氏、中孙炎帝神农氏、烈山氏、三孙帝鳌氏、老孙氏、公孙轩辕氏等。并讲述了不同圣王的文化业绩。如中孙炎帝神农氏有农谷衣蕴饰乘饰足的创造;公孙轩辕氏发明神器车符及官制等。

《春秋纬·命历序》详细地描述了圣王的人文创造及圣王世系的神话。它认为,从开天辟地至孔子"西狩获麟"即鲁哀公十四年(前四八一),共经历了二百二十七万六千年,分为"十纪"。"一曰九头纪,二曰五龙纪,三曰摄提纪,四曰合雒纪，五曰连通纪，六曰叙命纪，七曰循蜚纪，八曰因提纪，九曰禅通纪，十曰疏仡纪"。（《通考》274引）在十世之前，宇宙开辟时是三皇时代。"天地开辟，万物浑浑，无知无识，阴阳所凭，天体始于北极之野，地形起于昆仑之墟"。（《春秋纬·命历序》，《清河郡本》引）此后依次有天皇、地皇、人皇出，表明人类文明之始。《命历序》说：

天皇出焉，号曰防五（郑玄注：防五，天皇之号），兄弟十三人（又说十二人）继相治。乘风雨，夹日月以行。定天之象，法地之仪，作干支以定日月度，共治一万八千岁。天皇被迹，在柱州昆仑山下。（《清河郡本》）

次后地皇出焉，黑色面碧，号曰文悦，兄弟十一人，兴于龙门熊耳山，共治一万六千岁（又说各治一万八千岁）。（《太平御览》78引）

次后人皇出焉，提羽盖，乘云车，出旸谷，分九河。兄弟九人，相象以别，分治九州，人皇治中辅，号曰握元，共治四万五千六百年。（《太平御览》78、《清河郡本》等引）

通常认为人皇兄弟九人，就是上述"十纪"中的第一纪"九头纪"。此时"有臣，无官位尊卑之别"。第二纪"五龙纪"，五龙分治五方，是为五行之仙：一曰角龙木仙，号柔成。二曰徵龙火仙，号耀屏。三曰商龙金仙，号刚蟾。四曰羽龙水仙，号翔阴。他们的父亲为官龙土仙，号合离。以上五仙，实际上是对中国哲学的五行观念的神化，同时也是对五行观念的人文化。因为五仙作为五龙，分别代表宫、商、角、徵、羽五音。五行是人类生活中的物质材料，而五音则是对物质生活的反映，是人类文化的产物。第三纪为"摄提纪"，时有次民氏，名曰次是民。第四纪为"合雒纪"，有元皇出，"天地易命以地纪"，这时人类开始营造房屋，告别"穴居之世"。第五纪是"连通纪"，辰放氏作，名曰皇次屈。辰放氏"六头四乳"，在位二百五十年而终。他教人以树皮当衣，抵御风寒。第六纪为"叙命纪"，有离光氏出，号曰皇谈。据说皇谈"锐头日角，驾六凤凰出地衡，在位五百六十岁"。第七纪为"循蜚纪"，有巢氏出，治五百九十年。第八纪为"因提纪"，或温氏出，号遂皇，治五百三十年。此时"冬则穴居，夏则巢处，燔物为食，使民无腹疾"。就是说，从第八纪起，人类发明了火，故开始吃熟食，这是人类文明演进的重要阶段。第九纪为"禅通纪"，忽彰氏出，号曰庖牺。据《太平御览》引《河图洛书·遁甲开山图》说，禅通纪庖牺氏又包括十五代：

次有柏皇氏、中央氏、栗陆氏、骊连氏、赫胥氏、尊庐氏、祝融氏、混沌氏、吴英氏、有巢氏、葛天氏、阴康氏、朱襄氏、无怀氏，凡十五代，皆袭庖犠之号。

这里实有十四代，加上神农氏，方为十五代。但这里的记载与《汉学堂丛书》引清河郡本的记载略有不同。在清河郡本中，有巢氏属第七纪。《命历序》说："有人苍色大眉，名石年，戴玉理，始立地形，甄度四海，治五百三十年而流（疑作"疏"）纥纪作。"《命历序》又说："有神人石年，苍名大眉，戴玉理，驾六龙，出地辅，号皇神农，始立地形，甄度四海。"可见，第十纪"疏纥纪"在神农之后，则神农或同属第九纪禅通纪庖犠之世。

根据《汉学堂丛书》引《春秋纬·命历序》，十纪之后又有五帝：

禅于谋民，号曰榆罔，治五十四年。轩提次之，号曰帝寿鸿，即轩辕，有熊之子也。兴于穷山轩辕之丘，治百有五年。而其孙颛顼次之，号曰高阳。治七十四年，而夋夋次之，号曰帝喾辛。治七十九年而放勋次之，号曰伊祁（郑玄注："伊祁，陶唐之子帝尧也"）。治九十八年而禅于重华（舜），号曰舒昌，亦曰都君。治五十三年而禅于文命，号曰戎禹。凡十有四世，治四百七十三年。

在纬书中，关于三皇与五帝，还有另外一些不同的说法。如《春秋纬·运斗枢》说："伏羲、女娲、神农是谓三皇也。"

第七章 纬书与汉代神话

(《太平御览》76引)《礼纬·含文嘉》说:"虑戏(伏羲)、遂人、神农,谓之三皇。"(《天中记》引)《春秋纬·命历序》又列五帝为:黄帝轩辕氏、少昊金天氏、颛顼高阳氏、唐尧、虞舜。名五帝,实六帝。舜为五帝之末,禹为三王之始。与先秦文献中的五帝相比,多了一个少昊。这是纬书作者为政治需要而安排的,在黄帝之后加入少昊,便使帝位传递系统及历史发展符合五德转移的次序,以暗示居火德的刘汉王朝亦有贤人接受社稷的禅让。

作为纬书历史人文神话主角的三皇五帝都有奇异的诞生故事。此即神话学中所谓感生神话的内容。如《孝经纬·钩命诀》曰:"华胥履跡,怪生皇羲。"郑注曰:"迹,灵威仰之也。"如是,华胥履跡,即感苍帝灵威仰生伏羲。伏羲乃苍帝之子。《春秋纬·元命苞》曰:"少典妃安登,游于华阳,有神龙首,感之于常羊,生神子,人面龙颜,好耕,是谓神农。"(《路史·炎帝记注》引)"黄帝时,大星如虹,下流华渚,女节梦接,意感而生白帝朱宣。"(注曰:"朱宣,少昊氏")可见,神农、少昊都是神灵感生的。《诗纬·含神雾》载:"光如蜺,贯月正白,感女枢,生颛顼。"《春秋纬·合诚图》详细记述了尧母感雷电而生尧的故事:

尧母庆都,有名于世,盖天帝之女,生于斗维之野,常在三河之南。天大雷电，有血流润大石之中，生庆都。身形长大，有似大帝，常有黄云覆盖之，梦食不饥。及年二十，寄伊长孺家，出观三河之首，常若有神随之者。有赤龙负图出，庆都读之云：赤受天运。下有图，人衣赤光，面八采，须鬣长七尺二寸，兑上丰下，履翼宿，署曰：赤帝起，天下宝。奄然阴风雨，赤龙与庆都合，婚有娠，龙消不见，既乳。尧貌如图表，及尧有知，庆都以图予尧。（《太平御览》80、135，《艺文类聚》98引）

舜的感生说法与尧不同。《诗·含神雾》说，舜母"握登见大虹，意感而生帝舜"。而《尚书纬·帝命验》则说"姚氏纵华感枢"。注曰："纵，生也。舜母握登，枢星之精而生舜重华"。从以上纬书的感生说可以看到，三皇五帝都是感神灵之物而生，因此便都具有异于常人的神性。不仅如此，他们的体形相貌，也都异于常人。如天皇："三舌、骧首、鳞身、碧肤、秃揭"；地皇："女面、龙颡、马蹄、蛇身"；伏羲："龙身、牛首、渠肩达掖、山准日角"；神农："宏身而牛头，龙颜而大唇"；黄帝："身逾九尺，附丞、挺朵、修髯、花瘤河目、龙颡、日角、龙颜"；帝尧："丰上兑下，龙颜日角，八采三角"；帝舜："龙颜重瞳，大口手握"，等等。

第七章　纬书与汉代神话

纬书的感生神话与其他民族原始神话中众神出世具有类似的内容。据《神谱》所述，古希腊许多神祇都是天帝宙斯所生。其中，与神所生者为奥林匹斯山上之神；与人所生者则为地上之英雄。《圣经》中的耶稣基督即为贞洁的处女玛利亚所生。这种现象，一方面是为了给凡间的人文英雄以神性，使他们超出凡俗；另一方面则与原始神话的母系社会起源有关。在"只知其母，不知其父"的母系社会，人们的认识水平还不能了解生育的生理机制，故只知其母。这也许是感生神话的认识论基础。这种远古传说，被后来文明社会的人们运用到神话的创造中，便成了感生故事。至于圣王的怪异相貌，似乎又与中国远古时期的图腾崇拜以及人从兽出的猜测有关。其实，在各民族的古老神话中，许多神及英雄都具有异貌。如希腊神话中的斯芬克司为人面狮身；海神波塞冬具有马形；印度神话中的大神湿婆为人首蛇身，等等。中国神话中的女娲、神农、伏羲等都是人首蛇身。据闻一多先生考证，这些都是华夏民族龙图腾的遗迹。这说明，由于当时认识能力的低下，还没有创造出全人形的神。只是到后来，人们从图腾崇拜转向祖先崇拜之后，诸神的形象才根据人自身的特点塑造出来，从而其形象也就具有了全人的形象。

纬书人文神话中的诸位神祇，都有自己辉煌的文化业绩。

这是他们被尊为神的原因所在。而他们这些业绩的创造，也正是所谓承天命而为万民的。例如，伏羲作八卦，发明渔网和渔猎，定二十四节气，区划地理，创制音乐，等等。《易纬·乾凿度》说："伏羲氏之王天下也，始作八卦，结绳而为网，以畋以渔。"《春秋纬·春秋内事》说："伏羲氏以木德王天下，天下之人，未有宫室，未有水火之和。于是乃仰观天文，俯察地理，始画八卦，定天地之位，分阴阳之数，推列三光，建分八节，以爻应气，凡二十四气，消息祸福，以制吉凶。"神农氏首定州制，"甄度四海"，"植树木，使民粒食"，"作耒耜，播百谷"。女娲"命娥陵氏制都梁管"，"又令随作笙簧"。燧人氏"始钻木取火，炮生为熟，令人无腹疾"。黄帝轩辕氏"以土德王天下，始有堂庑，高栋深宇，以避风雨"，"受地形，象天文以制官，爰有九州之牧，则有朝聘"。《春秋纬·元命苞》中还有史皇氏仓颉发明文字的神话。

这些神话所反映的中华民族远古文明制作的内容，在先秦典籍中多有记载。且远远超过纬书的内容，如弓矢、兵器、婚嫁、陶器、酒浆等。只是许多文明制作已由春秋战国时人根据古代神话移到圣王祖先头上。原始神话中的文明制作的神祇被还原为人，并历史化为圣王、贤臣和能工巧匠。而纬书又重新把他们变为神话中的神祇的奇异业绩。这如同开天辟地的创世神话受到先秦哲学的影响一样，纬书的历史人文神话也受到先秦典籍中文明制作事迹的影响，并包含着远古神话的遗迹。因此，应当看到，纬书中人文神话文明制作的内容，是以神话的形式，展现了人类文明发展的轨迹，其中包含着某种历史的真实性。

三、圣人神话

纬书中的圣人神话，实质上是把孔子神化。"圣人"虽然也被用来称呼"圣王"，但"圣人"与"圣王"毕竟不同，这种区别在孔子之后，渐趋明朗化。从孔子弟子到孟子都有神化孔子的倾向。孟子以孔子德比尧舜，以孔子作《春秋》为天子之事以及《公羊传》以孔子为受命新王，已经是在神化孔子。但真正制作孔子神话则在纬书之中。这同汉代"罢黜百家，独尊儒术"的政治需要相关。孔子本是先秦儒家学派的创始人，是有其真实的出身和生平事迹的历史人物，纬书将具体的历史人物神化为神话人物，这种神话则远离了远古神话的性质，而具有宗教神话的性质。

纬书的圣人神话，特别是把孔子神化，在中国文化发展史上产生重大影响，它具有人为宗教的预演作用，并从此镶刻在中国人的文化心理之中。它表明中国传统的政治机制，一旦需要完备的思想统治，其相应的思想家便可能成为教主而受人尊崇。孔子神化即表明儒学由先秦的学术思想一跃而为占统治地位的意识形态，儒学的创始人孔子也就相应地由学术思想的创始人而一跃为救世的教主。

纬书的圣人神话与前述历史人文神话（或称"圣王英雄神话"）不同的地方，在于历史人文神话中的人物多是历代口传，具有传说积累的性质，其目的在于把人类的文化发展纳入其历史神话的范畴之内，以标示人文的神圣。而圣人神话，特别是把孔子神化，则与上述相反，是把真实的历史人物宗教化，其目的在于加强人文的启示和思想的统一。因此，纬书的孔子神话在制作动机及其基本结构上与前叙神话形态相一致，都属于服务于当时的政治意识形态并共同构成这种政治意识形态的政治神话内容。正因为如此，从其结构上看，圣人神话也具有纬书神话一般形态的感生、异表、受命、告天、先知等特征。

纬书认为，孔子亦感天帝而生。《春秋纬·演孔图》叙述了孔子感生的详细过程：

孔子母颜氏徵在，游于大泽（《艺文类聚》作"冢"）之陂，睡，梦黑帝使请己。已往，梦交。语曰：汝乳必于空桑之中。觉则若感，生丘于空桑之中，故曰玄圣。（《艺文类聚》88

第七章　纬书与汉代神话

及《后汉书·班固传》注引）

这是说，孔子的母亲颜徵在，在大泽的斜坡上游玩，疲倦了就在坡地上休息，不知不觉地睡着了，梦见黑帝请她，她到了黑帝那里，同黑帝相交。黑帝告诉她，将来你生孩子一定在空桑这个地方（今山东曲阜南山）。一觉醒来，徵在若有所感，后来便在空桑这个地方生下孔子。因为孔子的母亲是感黑帝而生，故称"玄（黑）圣"。《春秋·元命苞》说："夏，白帝之子；殷，黑帝之子；周，苍帝之子。"孔子为殷之后，所以感黑帝而生。《春秋·演孔图》又说："孔子曰：丘援律而吹，命得阴羽之宫。"（《太平御览》16引）据纬书可知，孔子无父，故以吹律定姓得羽。羽为五音之一，配五行之水，水为阴，故称"阴羽"。故孔子亦称"水精"。

据《史记·孔子世家》载："孔子生鲁昌平乡陬邑，其先宋人也，曰孔防叔。防叔生伯夏，伯夏生叔梁纥。纥与颜氏女野合而生孔子，祷于尼丘得孔子。鲁襄公二十二年而孔子生。"《史记》"野合"之说不得详解，纬书盖由此启发而造感生说。故《论语·撰考谶》曰："叔梁纥与徵在祷尼丘山，感黑龙之精以生仲尼。"（《礼记·檀弓》疏引）司马贞《史记索引》弃纬书感生说解释"野合"，曰："野合者，盖谓梁纥老而徵在少，非为壮室初笄之礼，故云野合，谓不

177

合礼仪。"此即历史与神话的区别。作为黑帝之子,孔子不但感天帝而生,其貌亦异。《春秋纬·演孔图》说:

　　孔子长十尺,海口、尼首、方面、月角日准,河目龙颡,斗唇昌颜,均颐辅喉,齿齿龙形,龟脊虎掌,胼胁修肱,参膺圩顶,山脐林背,翼臂注头,阜胠堤眉,地定谷窍,雷声泽腹,修上趋下,末偻后耳,面如蒙倛,手垂过膝,耳垂珠庭,眉十二彩,目六十四理。立如凤峙,坐如蹲龙,手握天文,足履度宇,望之如朴,就之如升,视若营四海,躬履谦让,腰大十围,胸应矩,舌理七重,钧文在掌,胸文曰:制作定,世符运。(《清河郡本》)

　　这是对孔子异表最详尽的描述。此外,在纬书的其他部分尚有大量的孔子异貌的描写,如:"孔子反宇,是谓尼父,立德泽世,开万世路"(《春秋·演孔图》);"孔子反宇,是谓尼丘,德泽所兴,藏元通流"(《礼·含文嘉》),等等。这是说,孔子生下来就大异于常人。他身长十尺,口和嘴唇都很大,张开像一片大海。他的头像一座山,四方高,中间凹下,像一个反扣的天体——"反宇",类似尼丘山,故取名"丘"。他的腰粗达十围,坐下像蹲着的龙,立着像待飞的凤,近看如星闪闪发光,远望犹北斗徐徐在目。按照纬书对孔子异貌的描述,孔子确为神人无异,特别是其"眉

第七章　纬书与汉代神话

十二采""目六十四理""舌理七重"等,实已超出现实社会中正常人的形象。纬书如此渲染孔子的异貌,为的是表明孔子具有神性,这正是一般神话所具有的基本功能。这样就为孔子履行上天意旨,编造孔子"立德泽世,开万世路"的故事,打下神圣的根基和超常的印记。如孔子胸前有"制作定,世符运"六个大字,即是企图说明孔子生来就具有神圣的使命——按照天命来掌教制法,以使社会按照天意或神的启示去发展。

纬书圣人神话的第三个内容是符命说。按照纬书的说法,孔子为黑帝之后,周朝属木,木色青,乃苍帝之后。所以《孝经·援神契》说:"丘为制法主,黑绿不代苍黄。"因为按照五行相生的顺序,作为"水精"和"玄圣"的孔子不可能代替以木德称王的周朝。木生火,只有赤帝之后,火德之君才能代替苍帝为王。因此孔子的使命不是自立为帝,而是为天下后世立法,纬书认为,这是上天降生孔子时所给予他的特殊的使命。如《孝经纬·钩命诀》说:"圣人不空生,必有所制,以显天心。丘为木铎,制天下法。"《孝经·援神契》及《春秋纬·汉含孳》更明确地指出,孔子制法,乃是为刘汉王朝之兴。"玄丘制命,帝卯行";"孔子曰:丘览史记,援引古图,推集天变,为汉帝制法,陈叙图录"。可见,纬书作者制造的圣人神话，乃是为刘汉王朝服务的。怎么知道上帝令孔子为汉制法呢？有符命为证。《孝经·右契》详细描述了孔子为汉制法的符命说：

> 孔子夜梦三槐之间，丰沛之邦，有赤烟气起，乃呼颜渊、子夏，侣往观之。驱车到楚西北，范氏之庙（一作街），见前刍儿捶麟，伤其前左足，束薪以覆之。孔子曰：儿，汝来，汝姓为谁？儿曰：吾姓为赤松（一作诵），字时乔（一作侨），名受纪。孔子曰：汝岂有所见乎？儿曰：吾有所见，一禽如麇，羊头，上有角，其末有肉，方以是西走。孔子曰：天下已有主也，为赤刘，陈、项为辅，五星八井从岁星。儿发薪下麟，视孔子，孔子趋而往。麟向孔子，笭（一作蒙）其耳，吐书三卷。孔子精而读之。图广三寸，长八寸，每卷二十四字。其言：赤刘当起日，周亡赤气起，火曜兴，玄丘制命，帝卯金。（《搜神记》8、《初学记》29、《太平御览》889及《白孔六帖》95引）

纬书的这段神话故事，生动形象地表现了孔子受命的符命，乃借上天的意旨，对孔子发出启示。小儿采薪获麟，且麟被打死，意味姬周的灭亡。按照纬书的说法"麟，木精"，木色苍，乃姬姓周王朝的象征。而小儿姓为赤松，赤为火，火克木，此即《春秋纬》所谓："十有四年春，西狩获麟，

第七章 纬书与汉代神话

赤受命,仓(同苍)失权,周灭火起,采薪获麟。"

这里值得注意的是,虽然火克木,赤受命,汉代周而兴,乃按着五行相生克的顺序进行,但其间还须有"素王"孔子的制法作用。所以上述故事不仅安排了小儿与孔子的对话,尚有将死之麟吐书三卷,指示孔子"玄丘制命"。《春秋纬》说孔子受命"据周史,立新经,春秋伟作《春秋》以改乱制"。《孝经纬·钩命诀》说:"孔子在庶,德无所施,功无所就,志在《春秋》,行在《孝经》。"又说:"孔子云:欲观我褒贬诸侯之志,在《春秋》;崇人伦之行,在《孝经》。"可见,《春秋》与《孝经》乃孔子为汉立法的主要代表著作。孔子既已受命,上帝怕他抓得不紧,于是上天又降下"血书",催促他尽快着手进行。《春秋纬·演孔图》记述了这段故事:

得麟之后,天下血书鲁端门。曰:趋作法,孔圣没,周姬亡,彗东出,秦政起,胡破术,书纪散,孔不绝。子夏明日往视之,血书飞为赤鸟,化为白书,署曰演孔图,中有作图制法之状。(《公羊传》哀公十四年疏及《艺文类聚》98引)

孔子因获麟和端门之命,便开始作《春秋》与《孝经》。《春秋纬》云:"昔孔子受端门之命,制《春秋》之义,使子夏等十四人求周史记,得百二十国宝书,九月经成。"孔子完

成制法之后,又举行仪式,昭告上苍,向天复命。《孝经·右契》生动地描述了这一神奇的故事:

孔子作《春秋》、制《孝经》成,使七十二弟子向北辰星磬折而立,使曾子抱《河》、《洛》事北向。孔子斋戒,簪缥笔,衣绛单衣,向北辰星而拜,告备于天曰:"《孝经》四卷,《春秋》、《河》、《洛》凡八十一卷,谨已备"。天乃洪郁起,白雾摩地,赤虹自上而下,化为黄玉,长三尺,上有刻文。孔子跪受而读之,曰:"宝文出,刘季握,卯金刀,在轸北,字禾子,天下服"。(《北堂书钞》85及《宋书·符瑞志上》引)

这是说,孔子奉天之命,作《春秋》,制《孝经》,完成了为汉制法的大任,于是召集他的七十二位弟子,面向北极星鞠躬而立,并让他的得意弟子曾参手捧《河图》、《洛书》也向北而立。孔子事先斋戒,头上插着青白色的笔,身穿红色单衣,面向北辰跪拜并昭告上天说:"《孝经》、《春秋》、《河图》、《洛书》等共八十一卷,现已全部完成。"于是天上云气郁起,白雾笼罩大地,红色的虹自天而下,化为黄色的玉,长三尺,上有刻文,孔子跪而读之,刻文说:刘季当受天命,掌握着《春秋》、《孝经》、《河图》、《洛书》等宝贵的文献,兴起于轸北(指刘秀起家南阳),天下偃服。

　　由以上可知，纬书的圣人神话，是在真实历史的基础上加工而成。从孔子的出生，到孔子的生平著述，全部以神话或宗教预言的形式，塑造了一位秉承上天意旨、全知全能的神化人物。这完全是为了汉代统治阶级的需要而创造出来的，因此表现出明显的政治目的性和功利性，从而失去了原始神话朴素、自然的特点，带有浓重的人为宗教的色彩。

出版后记

中华文明源远流长。在漫长的历史岁月中，我们中华民族创造了辉煌灿烂的文化成就，践行着自己朴素而真诚的人生和社会理想，追寻着具有鲜明特色的伦理价值和审美境界，展示出丰富、生动、深邃的思想智慧。在很长一段时间内，中国文化在世界文明体系中居于领先地位，其影响力和感染力无比强大，从而在铸就中华民族独特灵魂的同时，也为人类文明的发展和进步作出了重要的贡献。

明清之际，由于复杂的原因，中国社会没有能够有效地完成转型，逐步走向封闭和衰落。鸦片战争的失败，更使中国面临数千年未有之变局，使中华民族沦入生死存亡的艰难境地。为了救国于危难，当时的仁人志士自觉不自觉地把目光投向西方，投向西学，并由此对中国传统文化进行了激烈的批判。从洋务运动、戊戌变法，一直到五四新文化运动，

出版后记

在近代中国救亡图存的历史语境中，传统文化的观念和形态，常常被贴上落后、愚昧的标签，乃至被指斥为近代中国衰落和灾难的祸根，就连汉字和中医这样与国人生命息息相关的文化形态，也受到牵连和敌视，被列入需要废除的清单。对本民族文化的这种决绝态度，在世界各民族的历史上都是罕见的，它既反映了我们中华民族创新发展的非凡勇气，也从一个重要侧面，印证了中华传统文化的顽强和深厚。

今天，历史已经走进21世纪，我们中华民族经过不懈的努力和奋斗，迎来了快速发展的良好机遇，国家强盛、民族复兴的曙光就在前方。在这样的时候，在这样的历史背景下，重温我们民族的辉煌、艰难历史，重新认知我们民族的优秀文化和高贵传统，不仅是一种自然的趋势，也是一项庄严的历史使命。理由很简单，我们中华民族要在全球化的背景下真正实现伟大复兴，必须具有足够的凝聚力和创造力，必须具有强烈的自尊心和自信心，而这一切，离不开对本民族优秀文化基因的认同和感念，离不开对优秀传统的继承和弘扬。从这个意义上说，中国传统文化是不绝的源泉，是清新而流动的活水。我们组织出版《中国文化经纬》系列丛书，正是为了汲取丰富的精神滋养，激发我们前行的力量。

本书系计划出版100卷，由著名的中国文化书院组织编写，内容涵盖中国传统文化的各个方面和层级，涉及文学、历史、艺术、科学、民俗等多个领域，力求用通俗易懂的语言，用较少的篇幅，使广大读者对中国历史文化有较为全面的认识，对中国精神和中国风格有较为深切的感受。丛书的作者均为国内知名专家，有的是学界泰斗，在国内外享有盛誉，他们的思想视野、学术底蕴和大家手笔，保证了丛书的学术品质和精神品格。

这是一套规模宏大、富有特色的中国传统文化读本，这是专家为同胞讲述的本民族的系列文明故事，我们期待您的关注和阅读，也等待您的支持和批评。

中国书籍出版社
2015 年 9 月

中国文化经纬·第一辑

从黄帝到崇祯：二十四史 / 徐梓 著
华夏文明的起源 / 田昌五 著
孔子和他的弟子们 / 高专诚 著
老子与道家 / 许抗生 著
墨子与墨学 / 孙中原 著
四书五经 / 张积 著
宋明理学 / 尹协理 著
唐风宋韵：中国古代诗歌 / 李庆 武蓉 著
易学今昔 / 余敦康 著
中国神话传说 / 叶名 著

中国文化经纬·第二辑

敦煌的历史与文化 / 宁可 郝春文 著
伏尔泰与孔子 / 孟华 著
利玛窦与徐光启 / 孙尚扬 著
神秘文化的启示：纬书与汉代文化 / 李中华 著
中国古代婚俗文化 / 向仍旦 著
中国书法艺术 / 陈玉龙 著
中国四大古典悲剧 / 周先慎 著
中国图书 / 肖东发 著
中国文房四宝 / 孙敦秀 著
中印文化交流史 / 季羡林 著